U0058130

在數位媒體世界中健康成長：
兒少家長及照顧者指南

Growing Up Healthy in a World of Digital Media:
A Guide for Parents and Caregivers of
Children and Adolescents

德文版作者：diagnose:media

英文版主編：Richard Brinton & Michaela Glöckler

英文版譯者：Astrid Schmitt-Stegmann

中文版譯者：林玉珠

策劃：社團法人臺中市人智哲學發展學會

德文版書名：Gesund aufwachsen in der digitalen Medienwelt: Eine Orientierungshilfe für Eltern und alle, die Kinder und Jugendliche begleiten

德文版作者：diagnose:media, Stuttgart, Germany
（www.diagnose-media.org）

英文版書名：Growing Up Healthy in a World of Digital Media: A Guide for Parents and Caregivers of Children and Adolescents

英文版主編：Richard Brinton & Michaela Glöckler

英文版譯者：Astrid Schmitt-Stegmann

目次

譯者簡介 ⋯⋯⋯⋯⋯⋯⋯⋯⋯⋯⋯⋯⋯⋯⋯⋯⋯ 06

德文版序言 ⋯⋯⋯⋯⋯⋯⋯⋯⋯⋯⋯⋯⋯⋯⋯⋯ 07

英文版序言 ⋯⋯⋯⋯⋯⋯⋯⋯⋯⋯⋯⋯⋯⋯⋯⋯ 08

簡介 ⋯⋯⋯⋯⋯⋯⋯⋯⋯⋯⋯⋯⋯⋯⋯⋯⋯⋯⋯⋯ 10

譯者序 ⋯⋯⋯⋯⋯⋯⋯⋯⋯⋯⋯⋯⋯⋯⋯⋯⋯⋯ 12

第一章　為什麼要有這本指南？⋯⋯⋯⋯⋯⋯⋯⋯14

第一節　結合媒體教育與童年發展　　　　16
第二節　強化兒童在真實世界中的經驗！　21
第三節　我們身為家長該如何提供引導　　28

第二章　保護兒童免除行動電磁輻射
　　　　從一開始！我們所應該認真對待的事 ⋯⋯⋯⋯⋯32

第一節　行動輻射的生物效應　　　　　　34
第二節　預防措施與建議　　　　　　　　41

第三章　幼兒期（0～3 歲）
　　　　沒有螢幕媒體，且沒有輻射性兒童玩具！⋯⋯⋯46

第一節　幼兒的健康發展需要什麼？　　　48

第二節 螢幕媒體對兒童有不同的影響 51

第三節 提醒幼兒時期負責任的媒體教育 54

第四章 幼兒園時期（4～6 歲）
真實世界的經驗和活動——越多越好！ 56

第一節 兒童的健康發展需要什麼？ 58

第二節 幼兒園時期螢幕媒體的影響 59

第三節 提醒幼兒園時期負責任的媒體教育 61

第五章 小學初始年間（6～9 歲）
管理和限制螢幕媒體的使用！ 64

第一節 小學時期的發展步驟 66

第二節 心理學家和兒科醫師對兒童基本需求的描述 67

第三節 提醒小學時期負責任的媒體教育 68

第六章 從童年到青春期（10～16 歲）
邁向媒體成熟之路 72

第一節 青少年的健康發展需要什麼？ 74

第二節 螢幕媒體的影響 75

第三節 提醒成熟而健康的媒體使用 77

第四節 長期學習新媒體的提醒 79

第五節 安全的軟體和技術的支援 82

第七章 使用數位媒體的危險 86

第一節 與社群媒體相關的壓力 88

第二節　媒體使用過度及成癮的危險　　　　　94

第三節　對於個資的不慎處理　　　　　　　105

第四節　網路霸凌和網路騷擾　　　　　　　115

第五節　青少年不宜的網站　　　　　　　　118

第八章　網際網路與法律

　　　　給家長的資訊 ……………………………… 126

第一節　資訊自決權　　　　　　　　　　　130

第二節　網際網路刑法與青少年保護法　　　132

第三節　著作權法　　　　　　　　　　　　133

第四節　網際網路上的購買協議與責任　　　135

第五節　家長對於例如 WhatsApp 的法律責任　137

參考書目 ……………………………………… 141

參考文獻 ……………………………………… 148

建議閱讀 ……………………………………… 152

合作夥伴／贊助者 …………………………… 167

重要提示 ……………………………………… 169

致謝 …………………………………………… 171

譯者簡介

　　林玉珠，具資優教育碩士學位、大學講師及心理諮商與輔導等經驗。

　　1995 年創立台灣第一所華德福幼教機構——娃得福幼兒園。在華德福教育上，從幼兒教育一步一腳印地辦至青少年的中學教育，至今共歷練了 29 年。到 2024 夏，她所創辦的磊川華德福實驗教育學校將送出第八屆高中畢業生。

　　林玉珠熱衷學習，專研領域：人智學研究、生命史研究；幼教至成人教育師資養成、規劃與培育；學校社群組織與建構；家長成長營、兒童研討會；小學至高中華德福教育課程規劃、評量及行動研究等。

德文版序言

在數位媒體世界中，健康成長是一項倡議，旨在促進兒少（兒童和青少年）能勝任並適齡地使用數位媒體——提供支持給家長、學校和其他受影響者，並與專家和專業機構建立起關係網絡。

新的資訊及通訊科技，比如智慧型手機、平板電腦、筆記型電腦及遊戲機等數位媒體充斥在兒少的生活空間。正如家長和教師明顯看見的，現在有越來越多的年輕人被新型媒體淹沒了。許多觀察和研究表明，兒少過早接觸新型媒體會對他們的發育和健康帶來相當大的風險。

倡議的目標，一方面是澄清新型媒體的危險和風險，另一方面是闡明保護措施和採取全然避免危險或適當地接近它們的行動。爭論的核心是心理的層面、通訊科技的行為、上癮的可能性、保護私人領域及無線通訊科技使用所造成的持續性輻射對健康的負面影響。

尤其在心理社會風險領域中，適切教育思想的相關討論早已大力進展，而且持續不斷。在兒少的需求與作為必要措施的限制之間，為防範內在的危險，本指南之倡議旨在呈現一種代表適切平衡的教育論點。

www.diagnose-media.org

倡議合夥人及主辦者

（Partner and sponsor for the initiative）

英文版序言

　　過去數十年間，童年商品化已經成為一個凸顯的議題。1960 年代電視機普及，接著在 1970 和 1980 年代，小型電子遊戲和玩具對兒童有較大的吸引力。但實際上，直到 1990 年代，隨著電腦的小型化，使得互動式電玩遊戲和其他可以拿在手上的發明，吸引孩子們的注意力才有了新的維度。科技公司意識到這巨大的潛力，詹姆斯・麥克尼爾（James McNeal）在他 1992 年出版的行銷書籍《以孩子為消費者》（*Kids as Consumers*）中寫道，孩子「正處於一個完美的位置」，其在市場行銷策略概述中越過了家長。

　　隨著 2007 年智慧型手機的問世，吸引兒童注意力的程度呈指數級增長，無論使用者身在何處，他們都可以上網。對於家庭來說，這帶來了巨大的問題，在一項調查中，家長們說，智慧型手機已經成為家庭中的頭號爭端，科技公司設計的產品可以最大限度地提高成癮的可能性。網飛（Netflix）執行長李德・赫斯廷斯（Reed Hastings）表示，他們現在正在「與睡眠競爭」。該公司的遊說已影響了政府對於電腦在幼兒園的計畫，儘管沒有證據支持這件事是有益的或是健康的添加物，卻有大量相反的證據。經濟合作暨發展組織（Organisation for Economic Coop-eration and Development, OECD，簡稱經合組織）在 2015 年一項對 70 個國家進行的大型研究，甚至對電腦在一般教育中的總體效益表示質疑。

　　在過去數年間，有一種新的覺醒：人們對於童年時期媒體科技的適當性提出了質疑。數年前的一項調查指出，90%的人認為行銷人員試圖收買孩子的方式是不對的，然而只有7%的人覺得自己有能力做點什麼。我們能如何採取措施保護我們的孩子？

　　這本書填補了一個空白，描述了在童年時期與媒體技術引入有相關的重要發展階段，為家長提供了如何以安全的方式在家庭生活中與媒體

技術一起工作的實用秘訣。在本書中指出並不是每個人都能遵循同樣的方法，卻展示了我們可以如何一步步地思考，對於我們所關注的孩子和年輕人的福祉和健康是什麼。我們很高興參與了將這本內容豐富的書帶到英語世界的努力。

理查・布林敦（Richard Brinton）在 InterActions

簡介

人們幾乎每天都能聽到或讀到關於數位化的話題。可以預見，在未來的 20 年，現有的 60%到 70%的職業將被電子設備和機器人取代。難怪許多家長會認為：這是孩子們即將成長進入的世界——為什麼他們不應該從一開始就面對這種科技並以座右銘「熟能生巧」去習慣這種科技呢？此外，官方的教育政策也正朝著這個方向發展。

這裡所被忽視的是，由人類意識操作的科技也會非常強烈地影響著人類的意識發展。如果年紀較大的青少年和成年人的大腦曾經有機會在類似的（即真實的）世界中健康地發展，這件事就不是問題，然而，對於那些尚未結束此發展過程的孩子而言，這是另一回事。因此有越來越多警告的聲音，尤其是來自科學、醫學和發展心理學領域。

許多研究和大型整合分析（meta-analyses）的研究結果表明了幼兒園和學校中過早數位化的副作用和危險：額葉發育和相關自主思想和控制能力的損傷、姿勢和眼睛傷害、同理心的喪失、口語表達力的缺損、社群網路的依賴、上癮的危險——更不用提尚未被充分考量的電子菸對神經系統的副作用了。在兒童和青少年時期，神經系統的反應仍然比在其後的階段要敏感得多。

此外，還應該考量到，傑出的資訊科技大師如史蒂夫‧賈伯斯（Steve Jobs）、比爾‧蓋茲（Bill Gates）和傑夫‧貝佐斯（Jeff Bezos）並不允許他們的子女過早接近智慧型手機及網路商店，而且根據統計，學者的孩子比其他族群更少花時間在螢幕前。發育神經學家賀瑟（Hüther）教授，及經濟學家劍橋及麻省理工學院數位商業校長麥卡菲（McAfee）都認為，在由資訊科技決定的未來世界中，首先最被需要的是創造力、社交能力、企業性思考和行動的能力。

事實上，亞馬遜在亞洲的競爭對手——創建阿里巴巴集團（Alibaba）的中國企業家馬雲（Jack Ma），在達沃斯（Davos）世界經濟論壇上開門見山地說：「與其硬塞終究只要按一下電腦按鈕就可以存取的知識，學校應該教導『價值觀、信任、獨立思考、團隊合作』，並給予創造性學科更多的空間，如藝術、文化、音樂和體育之類的」。然而，這些創造性和企業性能力在真實世界中有其發展的根基，而不是在數位世界裡！我們必須細想這個似非而是的論點——社交技能、創造力和形象力的思考，其發展需要有與人的直接互動，及與思想不同的人進行討論，而不是用電腦。因此，解決的方案是什麼？

這一切知識並不能幫助我們掌握日常的家庭生活，在日常家庭生活中，智慧型手機不僅成為不可或缺的陪伴，也往往是爭論的焦點。我們所需要的是明確的資訊和實用的技巧，以引導在不同年齡的兒少避免可能造成的損害。這即是本媒體指南的目的。它說明兒少需要什麼才得以健康地進入媒體科技的時代。

因此，從本指南的支持者和贊助者的名單中可以看見，在這裡，作者已經被許多專家和組織（媒體專家和教育工作者）取代了。團結他們的是他們對年輕人的熱愛，以及我們對年輕人的重大責任。我們希望兒少能夠盡可能地健康成長，以利他們能夠適切地與自己的數位化未來相遇，並能夠在生活中負責地面對他們即將相遇的任務。

醫學博士　米凱拉・格洛克勒（Michaela Glöckler）
於瑞士多拿賀（Dornach），2018 年 9 月

譯者序

　　2019 年，華德福教育運動 100 周年紀念，世界各地的華德福學校都熱烈地舉辦慶祝大會。4 月中我來到了位於瑞士的歌德館（Goetheanum），那是華德福教育創始人魯道夫‧施泰納博士（Rudolf Steiner, 1861-1925）所創建的「人智學」（Anthroposophy）運動的總會所在地。在那裡，我遇見了我們的老朋友 Michaela Glöckler 醫師，她卸下了歌德館醫學部門的主席職務，卻仍然為世界人類盡心力地貢獻才華與洞見，她仍然活躍！那一天，她站在館內的書店門口，旁邊的桌子上有一疊她剛出版的新書：*Growing up Healthy in a World of Digital Media*。她把其中一本放在我手上，溫馨地說：「這本書是要送給你的，3C 產品（Computer、Communications、Consumer electronics）已成為現代年輕人和我們身為教育與醫學工作者的最大挑戰之一了……」

　　返台後，在學校教師會議中我概述了 Michaela 醫師的新書，教師們反應熱烈，因為在此之前，親師生其實已經歷過 3C 產品直接或間接造成的困擾事件了！網路媒體和 3C 產品的勢力已入侵對 3C 產品持保守態度的華德福校園了！由此，教師群體決議以 Michaela 醫師的新書為導向而啟動「媒體成熟度」議題，並將之納入每週教師會議的固定議程之一。起初，為深入議題，有教師要求口譯本書梗概，後來又要求簡要文字說明；就此，本書的翻譯栽下了種苗！

　　在教師的努力下，3C 使用的探討持續擴散至中學生晨會，至各年級的班親會及家長成長營等。經過一、兩年的推行時間，值得感恩的是，親師及高中生逐漸對媒體的影響與 3C 產品的使用有了些警覺。於是，根據兒童發展的年段，教師們形塑出本校學生使用 3C 產品的共識與守則：

低年段：K～4 年級，避免使用

中年段：5～8 年級，家長陪伴使用

高年段：9～12 年級，合約使用

才剛設定好 3C 產品的使用共識與守則，卻遇上了開始在世界狂飆的疫情。2021 年 5 月 19 日，政府宣布全國各級學校「停課不停學」，我們必須轉向線上學習。就這樣，3C 產品、媒體勢力肆無忌憚地進入文明國家的人類生活之中。3C 產品成為了必需品！這股 3C 與媒體勢力成為兒少成長的嚴峻考驗！

感謝 Michaela 醫師的這本書，我們學校在「停課不停學」前即預先準備了親師生的「媒體成熟度」！如今，在學生團體中，3C 產品的使用共識與守則趨向受到肯定，因此需要接受協助的學生減少至清晰可辨；而且這些少數學生也在社群的共同努力中逐步邁向健康使用 3C 產品的生活方式。

這本書的翻譯完成，要感謝很多人：感謝初稿期間協助整理的賴祥豪老師！感謝協助照片蒐集與完成的林玲宇老師和許多家長和同學！感謝交稿前最後校稿的杜鈺婷老師！尤其感謝德國的 Peter Schmidt 老師，因為他的及時明辨，使得英文版中的兩次誤植得到修正！

這本書指引親師和兒少正確的成長方向以及與 3C 產品共舞的界域，希望，也相信將來還會有更多的個人和團體感謝這本書！

磊川華德福實驗教育創辦人　林玉珠

第一章
為什麼要有這本指南？

第一節　結合媒體教育與童年發展
第二節　強化兒童在真實世界中的經驗！
第三節　我們身為家長該如何提供引導

第一節　結合媒體教育與童年發展

「兒童大多知道自己想要什麼，然而他們通常不知道自己需要什麼。」

——傑斯珀・尤爾（Jesper Juul），丹麥家庭治療師

這聽起來熟悉嗎？
當兒童還小的時候：只要打開電視或平板電腦，就會立刻著迷而安靜下來。

我們可以
- 完成我們的工作。
- 做個深呼吸及放鬆。
- 與家人無壓力地進行長途汽車旅行。
- 避免經常被切望和需要激怒……

然後當孩子大一點的時候：總是在用手機！
- 你不能做點別的事去廚房幫忙嗎？——現在不行！
- 你什麼時候才去做功課啊？——等一下！
- 你還醒著啊，已經 11 點多了？——那又怎樣？
- 你不能在我們吃飯的時候，偶爾把手機收起來一下嗎？——嗯，什麼？

然而或許這件事聽起來也很熟悉？
- （相較於圖像）孩子會有一段長時間玩（真實世界的）東西。
- 能夠建構自己創象的世界並創意地發明新東西。
- 具社會性，能與其他孩子相處融洽——有「團隊胸懷」。

　　兒童應該只有長到更大之後才能稱職並負責任地使用數位技術及未來「新」媒體，而非如同他們周圍成人般地同時接觸。這即是本指南的目標，當然，也是我們所有家長的目標。只是這個目標如何實現呢？如果孩子提早與數位媒體接觸，而且，就像目前不斷宣稱的那樣，在很小的時候學會利用其潛能，這個目標就能實現嗎？

　　本指南將努力導引你完成這些問題的探討，出發點是最重要的問題：

兒童與青少年的健康發展需要什麼？

　　研究顯示，健康的（大腦）發育是兒童、青少年和成人有能力且負責任地使用數位媒體的最佳保證。因此問題是：數位媒體能否促進健康的大腦發育，或者它已被證實為有害，甚至是危險的？

教育學家、兒科醫師和媒體專家警告

　　當今我們知道，尤其在生命的最初數年，螢幕媒體扮演了災難性的角色，因為越多地使用螢幕媒體，就越激起發育上的抑制作用（見第二章、第三章和第四章）。

已有學步兒出現了初期的類上癮行為跡象。此外，很容易發生大腦發育障礙並有致命的後果。

　　正如 2017 年 BLIKK 媒體的論題研究顯示[1]，即使是年齡較大的兒童，在螢幕設備上花費太多時間也是危險的：頻繁使用媒體會導致言語抑制、注意力缺陷、專注力和睡眠障礙、過動、攻擊性，甚至閱讀和拼寫障礙。

　　兒童和青少年只能從 12 歲開始（適度地逐步引介）才能獨立且適當地使用螢幕媒體。

　　如果對駕駛、吸菸和飲酒都實施了年齡限制，那麼目前也有許多因素支持對數位網路媒體的使用實施限制！

發展心理學和神經生物學怎麼說？

　　發展心理學和神經生物學在很久以前就開始研究兒童大腦健康發展的需求：在童年時期，運動的活動越多，如跑步、爬山、翻筋斗、平衡等，且兒童接觸自然環境真實事物的程度越高，例如與同伴，或與動、植物接觸等，就越能增強兒童的感官能力，尤其是大腦的發展。

　　在前額葉（皮質）中，神經網絡的成熟和日益增加的分化是一超過20年的持續過程，關鍵是學習書寫、計算和閱讀，這反過來使得新的記憶內容成為可能，並且允許更多差異化的心智活動出現。

　　為了健康的大腦發展，兒童在每個年齡階段都必須經歷獨特的過程並發展相應的能力，這將在接下來的章節中進行說明。對於媒體吸引人的可能性，或者媒體是否引發失調，甚或造成傷害，在每個發展階段，決定性的問題是兒童的內在成熟度是否已經準備好面對媒體使用的需求。

　　因此，媒體教育應該由兒童和青少年的發展階段為引導！

　　對於童年，這意味著（見本章第二節）：

「『沒有電腦的童年，是數位世界的最佳開始！』
吉羅德·倫布克（Gerald Lembke）和英戈·萊普納（Ingo Leipner）[2]的這篇論文，一點也不衝突：如果你減少數位媒體對兒童的影響，而讓他們有很多活動並享受大自然，且接觸類似的（真實的）事物，你就是在提升大腦的發育，因為青少年和成人在之後需要較高的認知能力以掌握數位媒體的挑戰。」

圖赫特－努奧特（Teuchert-Noodt 2016）

早年的媒體使用是短視且有風險

因此，在家庭和學校中儘早地使用媒體是短視、高風險且適得其反的；這不是基於教育和神經生物學的研究結果。人們普遍認為：「如果你沒有在孩子夠小的年紀引介媒體給他們，你就是在阻礙他們的未來。」這是個災難性的錯誤。

這個觀點是基於傳媒產業及其行銷利益的主張，該產業在遊說團體的幫助下，利用進步的概念推送貫穿至各部會行銷媒體的早期使用：「為確保數位產品普及我們的日常生活，無限的希望被點燃。」[2]

這看似自相矛盾，但根據科學的發現：

在生活中過早的媒體消費阻礙了關鍵概念的發展，而這些概念正是日後成熟掌握數位媒體所需要的。

第二節　強化兒童在真實世界中的經驗！

這就是我們作為家長對兒童的期望：兒童應該學會處理真實世界和數位媒體的能力，並意識到風險。但是，想要獨立、自信地操作數位設備的人必須經歷哪些發展步驟？

作為家長，我們能做什麼才能避免現在在兒童身上「種下」我們不希望日後在青少年身上「收穫」的東西（見第一章第一節及第七章第二節後的段落）？

適應真實世界對於適應虛擬世界是至關緊要的

新螢幕媒體並非以取代電視和影音的方式出現在我們子女的生活之中，而是增加了他們坐在螢幕前的時間。這導致越來越多真實世界的體驗被置換，而逐步取而代之的是虛擬世界。

然而，兒童必須在真實的世界中完成他們身體和情感的發展步驟，這包括語言發展、粗細運動技能的發展、所有感官的敏銳化、對真實世界中事物和過程的測試和探索、學習社會性互動的規則等。因此，一般而言這是真的：當兒童不再有足夠的時間在真實世界中進行他們生理上必要的發展步驟時，媒體的使用很快就會成為一個問題。

舉個例子：如果你的孩子沒有與其他兒童經歷足夠的社會性互動，像是學習知覺他人並考量他們的需求，那麼社會性發展的缺陷就會出現，例如缺乏同理心。

另一方面，如果你的孩子經常在與其他兒童的社會性互動中感到被拒絕，而且感覺他們的需求沒有得到考量，那麼與虛擬朋友透過 Facebook 或 WhatsApp 通訊科技互動，可能會被視為合於需要的替代品。這

可能意味著：媒體的消費增加。

　　或者，如果孩子不能經常和他們的朋友或家長一起從事或測試一些事情，那麼，有很大的危險，他們會試圖透過電腦或平板電腦上的虛擬動作遊戲或角色扮演遊戲實現他們的願望。歸根究柢，這些都是孩子為了滿足需求及掌握必要發展步驟的徒勞且不健康的嘗試。媒體的使用很快就會成為一個問題，這意味著：媒體的消費失控。

　　在許多數位螢幕媒體應用程式中，這種行為被內在成癮的潛能進一步強化了。首先，兒童需要在真實世界中找到自己在身體上及情感上的道路，因為無論如何，身體及情感始終都是決定生活的最首要世界。

　　我們現在知道了：在不同的年紀，只有當兒童掌握了生理上必要的發展階段，才能發展出勝任和有意義地管理媒體的能力。

什麼是重要的？
　　總體上，提供兒童各種機會去測試他們的感官、移動他們的身體、探索大自然，及與人類同胞的交流是重要的，換句話說，就是去「贏

得」真實的世界。如果你的子女有嗜好，例如喜歡踢足球，或者正在學習演奏樂器，或者喜歡建造或手工製作些東西，那麼在這段期間，智慧型手機就不是那麼重要，因為它不會被使用，或者最多作為輔助工具（例如拍照）。這就對虛擬世界創造了一種相對的平衡，並以自然的方式保護你的子女免受其風險。因此，重要的是家長要努力建造子女對現實世界活動的熱情。這是青少年媒體成熟度發展的最好基礎。

　　另一方面，數位媒體的使用越來越年輕化恰恰阻礙了兒童所需要學習和我們身為家長所期望的。因此，我們應該保護兒童遠離虛擬世界，而不是讓他們過早接觸虛擬世界。微軟（Microsoft）和蘋果（Apple）的創始人比爾・蓋茲和史蒂夫・賈伯斯以及其他資訊科技企業主早已清楚地認識到這一點：他們的子女在 14 歲時才得到智慧型手機。請見：www.nytimes.com/2014/09/11/fashion/steve-jobs-apple-was-a-low-tech-parent.html?_r=0　和　www.weforum.org/agenda/2017/10/why-gates-and-jobs-shielded-their-kids-from-tech.

在媒體使用上，約定和規範對兒童和成人都很有幫助且具決定性

　　許多調查和科學研究顯示：如果家長毫無保留地接受子女使用媒體，且不加以限制和控制地使用，他們將面臨兒少行為和健康的重大風險。這會使家庭及整個社會變得緊張和脆弱（見第三章和第七章）。約束自己和抑制欲望的能力仍在青少年的內在發展。因此，為你的子女設定界限並達成協議是必要的保護措施。

　　家長尤其不應該教導或允許幼兒使用任何數位媒體設備。理想情況下，在12歲之前，兒童不應該擁有智慧型手機、平板電腦或個人電腦。他們應該首先與周圍的真實世界培養強健的關聯能力。

　　毫無疑問的，我們無法阻擋兒少使用數位媒體設備，也不該讓他們獨自面對其所引發的影響和轉變。他們透過媒體，特別是透過朋友，不斷地暴露於數位螢幕媒體的誘惑之下。如果你決定買智慧型手機或平板電腦給你的孩子，那麼，你應該認真對待他們將暴露於風險這件事。

　　接下來，要盡可能負責地保護你的子女，儘早劃定界限，也就是如果是每天使用的話，明確規定每天使用電腦、平板電腦和智慧型手機的時間（詳情請參閱第四章第三節、第五章第三節和第六章第三節）。這件事需要你對子女的發展水準有很好的同理心，以及在親職上的高超技巧。但是，這也像本章第三節詳細解釋的那樣，取決於你的身教榜樣。

　　「從本質上說，這意味著設定界限、表明立場。意味著有一個清晰的願景，並堅持這個願景。伴隨著充滿愛的影響、讚美和鼓勵，也要不斷地與自己及自己的子女討論。」

凱薩琳娜・薩爾弗蘭克（Katharina Saalfrank 2006）[33]

界限通常都太晚設定了

當等到子女的網路消費失控，且遠遠超出合理時間時才設定限制，必然會導致與子女的艱難對抗。這些限制的設定並不保證施行，也不保證子女能控制自己的網路消費。

許多教育工作者同意：在適當時候兒童想要有界限和規則（！）。他們想要明確，他們想知道自己的立場。界限給予兒童結構、穩定和安全，但也引發討論。另一方面，缺乏界限會導致兒童不安全感，並導致缺乏穩定和克制。即使是很小的幼兒也需要界限，而且即使是嬰兒也能從家長的反應中理解潛在的規則（詳見「建議閱讀」第一章第二節之書目）。

設定界限──沒有公式

決定什麼對他們而言是重要的、哪些界限有道理，以及他們想如何應用這些界限，那是家長的功課。如果兒童適時地理解什麼是可接受，什麼是不可接受的，那麼以後爭論就會少一些，而且這對兒童而言將會是明顯可見的。然而，在家庭生活中，界限可能被證實為不合適，因此，特別是隨著兒童的年齡增長，必須不斷地重新建立界限。

界限的設定是個取決於兒童年齡的過程，特別是考慮在他當下的發展階段中，此時此刻所需要的是什麼；兒童所想要擁有的應該從屬於此。

以這種方式，兒童將能更加發展成自主且健康地使用數位媒體，並將在很大程度上免於遭受數位媒體的風險。

專家們建議什麼？3-6-9-12 規範

　　法國心理學家謝爾蓋・蒂瑟龍（Serge Tisseron）為 3 歲以下、3 至 6 歲、6 至 9 歲、9 至 12 歲及 12 歲之後的年齡組制定了典型的發展階段和相應的媒體使用建議，家長可將其作為媒體教育的初始指南（英文摘要請見 www.3-6-9-12.org 或 healthnwellness.co.uk/children-and-screen-time-the-3-6-9 12-rule-you-need-to-know/）。〔譯注：讀者可直接上網瀏覽，若有必要，可按電腦上的翻譯鍵以利閱讀與理解。〕

　　本指南在許多方面都遵循法國心理學家謝爾蓋・蒂瑟龍的建議，有關媒體使用的規則，其中建議了 12 歲之前由家長單獨決定。只有在那之後，才應該和兒童達成共同協定。

界限和規則是一種妥協

　　最好的方式是在沒有任何數位媒體下成長，就沒有這類風險，尤其是對 12 歲以下兒童。這一點顯然得到了科學研究結果的支持；然而，在政治決策中並未得到太多的考慮。

　　如果你們無法抵禦當前的趨勢和社會對家庭的壓力，你們可能必須做出部分讓步並做出妥協。

　　因此，在本指南中所有有關媒體使用的建議或許都是一種合理的中間方式的表達，而且要理解為一種退守的選擇。然而，這件事是清楚的：從科學的觀點，你們並沒有保護你們子女的健康和生理發育免於遭受風險！

第三節　我們身為家長該如何提供引導

「教養兒童是沒有用的——他們無論如何都會模仿你們所做的一切！」

未具名者

家長是榜樣

家長為孩子樹立的典範形塑了他們的行為、態度和感覺的模式。你們的示範比任何形成性的措施都更能形塑你們的孩子：可以顯著地支援或阻礙你們孩子的健康發展（Saalfrank 2006 [33]）。

因此，很重要的，尤其是身為家長的你們，不要總是沉迷於智慧型手機或網路，從而給孩子的時間越來越少。

當和孩子在一起的時候，要有意識地把你們的注意力完全專心在孩子的身上。智慧型手機（或平板電腦）都是破壞性的！進行口語和非口語的交流越多，孩子的言語能力、思考和感覺就發展得越好。在餐桌上共進晚餐時，所有家庭成員都應該停止使用螢幕媒體。

家長可以很容易地記錄自己的媒體習慣，例如智慧手機有記錄和管理螢幕使用行為的應用程式：

- SPACE App，原名 Breakfree。
- Menthal App（menthal.org）。
- 「螢幕時間」和應用程式限制是蘋果新 iOS 12 手機的一部分。
- 有關「螢幕時間管理應用程式」的詳細清單，請參閱：www.screen-agersmovie.com/parenting-apps/。

〔譯注：建議華語讀者參閱 https://www.microsoft.com/zh-tw/microsoft-365/family-safety。〕

家長是嚮導和支持者

　　不要只是成為榜樣，也要對孩子在螢幕上所做的事情感興趣，例如：在他們參與的遊戲中，花點時間和他們一起去發現並體驗媒體所能提供的；然後你可以談論你所發現的，詳細地闡述，並解釋你的孩子還不能理解的東西。

這件事在親子關係上有非常積極的影響，討論是表達你對自己所經歷的品質和內容評價的機會。

青少年需要支援，而家長可以做的例如在真實世界中（藉由社區活動）激發均衡的能力，或與他們討論一些基本的問題：手機之類的到底有多麼不可或缺？如果沒有智慧型手機或平板電腦，或者如果我們不要經常使用它們，生活會是什麼樣子？我們能嘗試這樣做一陣子嗎？

家長是媒體看管人

家長需要瞭解有關不同數位設備科技的可能性（智慧型手機、平板電腦、路由器、個人電腦等）。然而，更重要的問題是：這些設備實際上是否適合兒童使用？關於這件事我們所能做的是什麼？如果子女已經在使用這些設備了，而你想保護子女免受風險，那麼，科技設備的定位（不放置在兒童房內）、啟動過濾軟體或安裝兒童安全程式等（見第六章第五節）都是非常重要的。

現在，使用數位媒體的許多風險已成為眾所周知的事了（見第二章及第七章）。因此，與你的子女或青少年討論這些風險，以及他們可以如何避免這些風險是有必要的。

兒童和年輕人的保護法規，每個國家各不相同。德國有《青少年保護法》（the JuSchG，請參閱www.t1p.de/uyan）。其法規指出，例如：

即使 16 歲以下兒少已被父母／祖父母等給了行動電話或智慧型手機作為「禮物」，家長對於兒少使用智慧型手機進行什麼活動仍負有責任，相應地，他們有權利，而且在原則上也有控制兒少活動的職責。

　　進一步的法規討論將在第七章和第八章中進行，所在國家的查找指標也包含其中。

　　〔譯注：台灣有《兒童及少年福利與權益保障法》：https://law.moj. gov.tw/lawclass/LawParaDeatil.aspx?pcode=D0050001&bp=1。〕

第二章
保護兒童免除
行動電磁輻射

從一開始！
我們所應該認真對待的事

第一節　行動輻射的生物效應
第二節　預防措施與建議

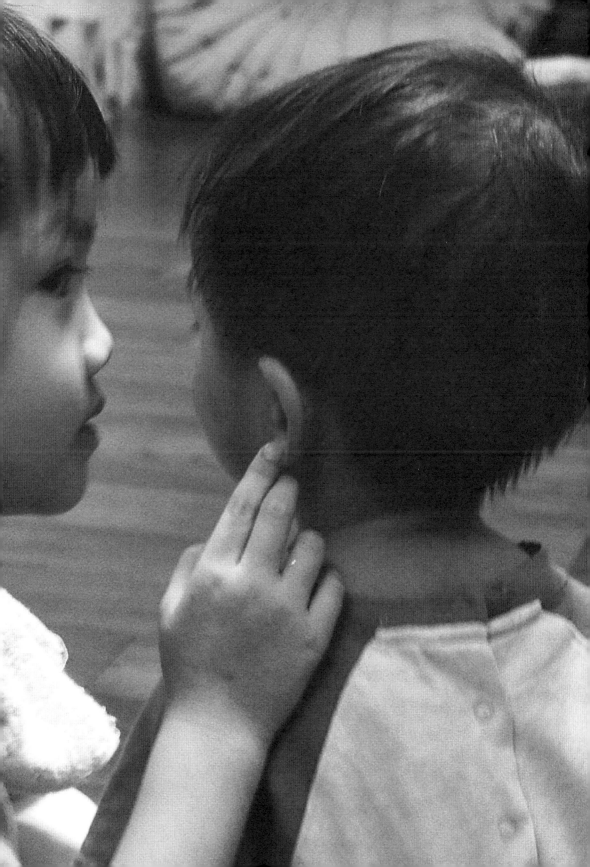

第一節　行動輻射的生物效應

　　超過40年的深入研究顯示，即使接觸的電磁輻射在安全限度以下，也會對人類健康及動植物的健康帶來重大風險。

電磁輻射對健康的損害

　　與輻射效應相關的健康風險通常都被低估，甚至被忽視。科學研究正在提供越來越清晰的證據：由於輻射設備（如 Wi-Fi、藍牙、通用行動通訊科技系統等）持續不斷增加，許多人接觸低於安全限值的持續性輻射，這是健康風險的主要來源。從健康保險公司的年度統計中顯示，這些風險所達的程度已成為事實。[34]

　　由於行動通訊輻射（尤其是對兒童和青少年）的健康危害，隨著智慧型手機等的行為風險呈負面增加，兒童與青少年在學校的表現能力已呈現下滑。

全球性的警告甚至來自行動通訊科技產業

從醫師、科學、醫療和環境組織、歐洲聯盟、歐洲議會和許多其他機構而起的國際呼籲，多年來一直都在對行動輻射的健康風險發出警告，並且一直要求為兒少採取減少輻射和緊急的保護措施。德國聯邦輻射防護辦公室在其建議中證實了健康風險不能被排除[5]：

· 如果可以使用實體網路線連線，就盡可能避免使用無線科技。

· 避免把中央 Wi-Fi 存取點裝設在人們經常逗留的地方（例如工作地點）附近。

同時，產業界本身甚至也發出警告：

製造商在其安全說明中指出，他們的行動設備應與用戶身體保持一定的距離，如此才不會超過微波輻射的法定安全限值。

舉例而言，像智慧型手機 Blackberry Torch 9800，用戶應與手機保持至少 25 毫米的距離，尤其是孕婦的腹部（避免胎兒接觸輻射）和青少年的鼠蹊部（避免睪丸接觸輻射）。根據最新的 iPhone X 使用說明書所建議的：「為減少用戶接觸射頻能量，請使用免持配選件，例如內置揚聲器、隨附的耳機或其他類似附件。」大多數手機使用手冊也提供類似的建議。

德國電信所採用的 Speedport（德國網際網路的電信產品）路由器使用說明書包含以下安全警告：

「你的 Speedport 可整合天線發送和接收無線電訊號，例如：用於安裝無線區域網路（Wireless Local Area Network, WLAN）。要避免在臥室、兒童房和客廳附近安裝 Speedport 以盡可能減少對電磁場的接觸。」

法國國家頻率局（ANFR）在（2015年）測試了數百部手機之後，於2017年揭露，當測試與人體最常接觸部位的輻射時，10部手機有9部超過了政府訂定的輻射限值。然而，政府拒絕揭露這些測試結果，直到遭受法院訴訟的壓力。（參見ehtrust.org，在其網站上搜尋「ANFR」或「Phonegate」。）

許多國家（法國、比利時、以色列等）為了兒童的安全，這些警告已經促使產生了各種法令規章（詳見「建議閱讀」第二章第一節之書目）。

短期效應

行動通訊科技輻射的生物學短期效應在許多兒少身上是明顯的，尤其是在：

- （不斷增加且持續的）頭疼、倦怠、疲憊、睡眠或入眠失調。
- 焦慮、易怒、緊張、憂鬱傾向。
- 記憶力和注意力失調，頭暈和耳鳴。
- 學習和行為失調。
- 心臟和循環系統失調（心悸），在某種程度上也包括聽覺和視覺失調。

許多研究已證實了其作用〔所謂的微波綜合症（microwave syn-drome）〕：例如，2008年慕尼黑的一項研究確定了9%的未成年參與者（這對德國來說就是100萬兒少）感覺受到行動通訊科技輻射的影響。

道路建設產業健康保險公司（BKK VBU）在2016年的一項研究表明，接近74%的七年級學生患有經常性頭痛。最近的一項統合研究表明，隨著使用行動通訊科技設備的持續時間或頻率的增加，頭痛症狀顯著增加[6]。

在許多情況下，症狀會在恢復期（至少 2 小時無輻射）之後消失，但通常只有在長期停止輻射暴露後，症狀才會完全消失。

兒童有更大的保護需求，以他們的發展情況，輻射穿透會比成年人更深遠地進入頭部（見下圖：頭部區域根據年齡的輻射吸收[7]）。

如圖所示，兒童大腦的暴露水準是成人的 3 倍，骨骼的暴露水準甚至是成人的 10 倍。兒童的神經和免疫系統尚未完全發育，因此對干擾更為敏感。

頭部區域根據年齡的輻射吸收

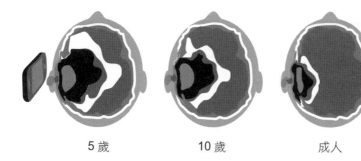

許多研究，其中包括世界衛生組織（WHO）的一項研究結果證實，輻射會增加行為干擾的風險。WHO對29,000名兒童進行的研究（Divan等人[8]）顯示：在子宮內和／或幼兒期兒童（直至7歲）暴露於行動設備的輻射（含無線的嬰兒監視器），會使其行為問題的出現顯著增加，包括注意力不足過動症（ADHD）。這件事對於全世界兒童顯現過動或行為問題急劇增加的起因，是一明確的跡象。

如果母親經常使用行動電話或在輻射源附近逗留，或者如果孩子在7歲之前使用行動電話，則行為紊亂的風險尤其明顯增加（約80%）。這是因為輻射會穿透人體數公分，會干擾敏感的胎兒及嬰幼兒的發育。

ADHD 在各年齡組的百分比增多了

不同年齡組被診斷為過動障礙者的相對變化，
指標：2006 = 100

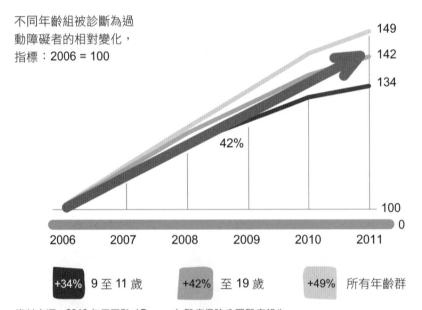

資料來源：2013 年巴爾默（Barmer）醫療保險公司醫療報告

2006 年，約有
337,000 位男生和
105,000 位女生
受到影響

2011 年，約有
472,000 位男生和
149,000 位女生
受到影響

2013 年的巴爾默醫學報告[4]顯示，行動通訊科技輻射導致行為問題的風險已經有很長一段時間了：在智慧型手機推出的 5 年內，19 歲以下的兒少，ADHD 的病例急劇增加了約 42%（見上頁圖）。此外，有證據顯示流產和畸形兒的風險也增加了。

長期效應

輻射的長期生物學效應，增加了罹癌的危險，對精子和生育能力產生負面效應，也使得神經系統失調。

今天我們知道，20 歲之前就開始使用行動電話的兒少，在之後生活中罹患惡性腦瘤的風險會增加。

兒童開始使用手機的年齡越小，使用手機的時間越長，罹患腫瘤的風險就越顯著（可高達 5 倍）（Environmental Working Group 2009, Hardell 2009, 2011[8]）。自從 1993 年德國引介行動通訊科技以來，兒童罹癌的人數（15 歲以下）每年都持續增加（20 年內約 25%，Robert Koch Institute 2013）。在其他國家，事情的發展更令人驚訝。

　　20 歲以下兒少的癌症潛伏期（約 15 至 20 年）比起成人長達 40 年的潛伏期，短少很多。由於行動通訊科技的輻射，兒少罹癌的風險增加，因此可能對他們的中年生活造成嚴重的後果。

　　更多關於行動無線輻射及其影響的資訊，可以在 emf:data 的網站及 diagnose:funk（德國的網址）中找到：www.emfdata.org 及 www.diag-nose-funk.org。
　　〔譯注：華語讀者可瀏覽 https://www.ntdtv.com/b5/2022/04/29/a103413335.html。〕

第二節　預防措施與建議

懷孕期間

- 完全避免使用手機、智慧型手機或其他無線行動設備，例如數位增強無線通訊科技（Digital Enhanced Cordless Telecommunications, DECT）的無線電話和 Wi-Fi 支援設備。
- 盡可能以有線電話取代手機／智慧型手機〔如果可能，交給降電子煙霧／電子汙染的接收器（electro-smog reduced receiver），使用壓電晶體，其以關鍵字即可在網路上搜尋得到〕。如果不可避免，請僅在必要時才開啟手機或智慧型手機，否則將其設定為飛航模式（盡可能關閉所有輻射源）。

- 只使用可以關閉的 Wi-Fi 路由器。如果可能，避免在你的公寓中使用 Wi-Fi，或僅只在必要時才啟動，而且只短時間使用。不要讓你的路由器對公眾開放，因為它的運作過程會不斷地產生輻射！
- 遠離輻射源、輻射路由器或存取點，以及正在使用的輻射行動通訊／智慧型手機／平板電腦，或請他們將手機切換為飛航模式。

出生之後

- 盡可能避免在孩子附近使用行動電話或智慧型手機！保持通話簡短，並使用免持設備。盡可能關閉行動電話或智慧型手機。
- 請勿使用 DECT 的無線電話和 Wi-Fi。請使用無輻射的替代品，例如有線電話、有線電腦和平板電腦。
- 在嬰兒監視器方面，只使用不會阻礙或影響身體發育的裝置，不使用 DECT 標準的裝置。
- 不把開機的行動電話放在嬰兒的推車裡。
- 如果無法避免，在以行動電話或 DECT 通話時，要與其他人保持距離，尤其是兒童。
- 請敦促你的鄰居，以及幼兒園和小學的行政部門盡量讓兒童的輻射接觸減到最少。

兒童、青少年和成人

維也納醫學委員會在 2016 年發表了以下建議，這也得到了許多其他組織的證實。

- 以下的情況大部分適用：盡量少用手機／智慧型手機打電話！盡量讓個人減少暴露於輻射中！
- 8 歲以下的兒童不應使用手機／智慧型手機或無線電話。8 至 16 歲兒少應該只有在緊急情況下才使用手機／智慧型手機。
- 在家及在工作場所，你應該撥打有線電話，而且只透過有線網路連接上網：透過區域網電纜上網沒有輻射，快速且數位資料安全。應避免持續輻射的 DECT 無線電話、Wi-Fi 存取點、數位資料棒和長期演進技術（LTE）家庭基地站（Box、Cube 等）！如果 Wi-Fi 是不可或缺的，那麼請盡可能關閉 Wi-Fi，因為它使健康負擔沉重，因此從長遠來看是有害的。
- 請勿隨身攜帶已開機的手機或智慧型手機，不放在褲子的口袋裡（會影響日後的生育能力），或在胸前的口袋裡（會損害乳房組織、心臟功能和肺臟）。當不使用時，請放在離你身體有一些距離的地方，例如：放在你的手提袋或書包裡。請使用防輻射手機殼。
- 「距離是你的朋友！」──最好不要把手機或智慧型手機放在耳朵旁通電話！請利用內置的免持功能或耳機。最壞情況，盡可能遠離頭部，或利用有輻射防護的手機殼。
- 更常維持離線，並盡可能常啟動飛航模式──對於如聽音樂、拍照、鬧鐘、計算機或離線遊戲的功能，是沒有必要使用網路連線的！
- 更少的應用程式表示更少的輻射──最小化應用程式的數量，並關閉智慧型手機上大部分多餘的背景服務。關閉「行動服務」或「數位資料網路模式」會將你的智慧型手機變回舊式的行動手機：你仍然可以與人聯繫，但避免了許多由於應用程式背景活動而造成的不必要輻射！在重新啟動應用程式後，你應該等待約 5 分鐘並與智慧型手機保

持一定距離，才能使用它，因為所有的應用程式都會同時載入數位資料，這可能導致更大量的輻射接觸。

- 避免在收訊不佳的地方（地下室、電梯、公車和火車等）通話——在這種情況下，行動電話會增加傳輸容量。在接收不良的情況下，請使用耳機，或者如果可能，請使用免持裝置！
- 購買手機時，請注意最低可能的人體特定吸收率（SAR rate，請瀏覽 https://www.emfwise.com/zh-tw/SAR.php）、OTG 容量（請進行「OTG phones」搜尋），及外部的天線端子！利用 USB 乙太網轉接器，透過 USB-OTG 電纜（搜尋關鍵字「USB-OTG-網路轉接器」）和特別是網路電纜，OGT 的功能（OTG= On The Go）允許經路由器的電纜從智慧型手機或平板電腦中共用數位資料，因而避免了 Wi-Fi！如果你搜尋「使用 USB-OTG-網路轉接器」或類似的內容，你將找到許多做成影音的操作說明。

車上行為

- 請勿在交通工具（汽車、公共汽車、火車）內使用輻射設備，尤其是如果沒有外部天線，請不要通電話——交通工具內的輻射更高。除此之外，開車時講電話會分心，在公共交通工具則會干擾其他乘客！

・許多國家完全禁止開車時使用簡訊或網際網路，因為在交通中分心對自己和他人都很危險！

更進一步的資訊

　　有許多網站提供更進一步的研究電磁場輻射效應資料，以及減少暴露的產品。以下列出一些網站，但也有其他網站可供參考：

www.emfdata.org/en——diagnose:funk 的數位資料庫 EMF:data 顯示藉由行動電話收發站、行動電話、智慧型手機、平板電腦、無線網路路由器、數位增強無線通訊電話，和其他設備所放射的非電離輻射領域研究之概觀。

emfacademy.com——提供大量有關電磁場安全、保護和資源的資訊文章匯集。

www.procon.org——努力為有爭議性的議題利弊提供資訊和研究，包含電磁場輻射在內。

www.healthy-house.co.uk——對種類繁多的過敏反應和敏感問題提供產品和建議，包含電磁場輻射暴露。

第三章
幼兒期（0～3歲）
沒有螢幕媒體，
且沒有輻射性兒童玩具！

第一節　　幼兒的健康發展需要什麼？

第二節　　螢幕媒體對兒童有不同的影響

第三節　　提醒幼兒時期負責任的媒體教育

第一節　幼兒的健康發展需要什麼？

　　兒童在未來學會創造力和形象力是至關重要的。因此，兒童的實際環境應該包含各種挑戰形象力（imagination）的刺激，因為青春期的邏輯抽象思考是由此發展的。

　　任何剝奪兒童個人建造其內在運行形象畫面的東西，都應該被排除在兒童的環境之外。這類物品特別包括無法挑戰兒童珍貴創造力的影片和螢幕遊戲。

　　為了健康發展，兒童需要以各種方式刺激他們的環境。首要的是，應該鼓勵運動，激發他們抓取動作的靈巧性。兒童的健康環境，首先是活動的空間，一個能盡可能幫助他們發展精細和粗大運動技能的空間。

為了以健康的方式發展他們的感官，兒童需要在真實世界中親身體驗。因此，如果我們盡可能經常和幼兒一起接觸大自然，這樣他們就可以隨著季節的變化漸進地體驗動植物，並將其納入他們的遊戲活動中，這是非常有幫助的。

兒童需要有言行一致的照顧者在其身邊與他們交談。與他們交談的人能為他們說童話、傳奇和故事，這樣的人在兒童身邊對兒童說話極為重要。在這個年紀提供故事錄音是相對沒有意義的。

為培養親子依附關係，父親或母親在一天中留出固定的時間與兒童一起做些事情是非常有幫助的。比起時間的長短，共度時光的情感強度和品質更為重要。良好的依附關係是兒童能積極探索環境的安全感基礎。

蒂娜（Tina，30歲）和伯恩德（Bernd，32歲）的分享：

「當小孩（6個月大）醒著時就是我們的非螢幕時間。沒有電腦、沒有智慧型手機，而且我們在電視機上掛了一塊布。這樣做很好的附帶影響是我們兩個大的（5歲和8歲）比以前更少看電視了，就像他們說的：眼睛不在，心就不在。他們變得非常善於自娛自樂，而且不再需要螢幕保姆的持續性娛樂了。」[30]

如果能牢記子女在成長中理想的發展階梯，家長就能更容易辨識並理解為什麼數位媒體的使用需要限制，以及哪些限制是必要的。如本章所述，基本原理是「感覺運動的統合」。「感覺運動的統合」為往後的媒體成熟度奠定堅實而必要的基礎。更進一步邁向媒體成熟的第2階段至第6階段（如下頁圖）將在隨後的年齡群組中發展。每個階段都有其一定要做的理由。否則，孩子的發展會受到嚴重的危害，並可能受到傷害。

兒童在實現媒體成熟度前的發展階段
（詳見參考文獻Bleckmann 2012[9]及「建議閱讀」第六章第三節之書目）

第二節　螢幕媒體對兒童有不同的影響

　　即便是最年幼的小小孩對電子玩具的需求也越來越大，包括整合平板電腦的傳統玩具，或是內置智慧型手機或嬰兒手機的玩偶及絨毛玩具。

電子玩具企圖調節幼兒的未來世界

　　我們對最年幼的小小孩提供了越來越多數位螢幕媒體，這項發展很聰明地與一項訊息結合：盡早引介數位媒體給兒童和青少年非常重要（要早在幼兒園年紀），這樣他們才能習慣於數位媒體並為數位世界做好準備。

而這項訊息越來越被許多家長接受（在德國，大約為 35%，見 min-iKim-study 2014 [10]）：兒童花在平板電腦和智慧型手機螢幕前的時間正相應地迅速增加（在美國，2 歲以下小孩每天看螢幕的時間已達 90 分鐘）。這對你的子女意味了什麼？

為什麼螢幕媒體對學步兒有害

對成人而言，媒體代表通往世界的大門。對兒童就不同了：兒童越小，受到傷害的可能性就越大。兒童花在螢幕前的時間越長，在發展上的損傷就越嚴重。為什麼是這樣呢？

因為大腦的成熟和生長需要各式各樣的感官印象：視覺、聽覺、味覺、嗅覺、觸覺和感覺、重力感、自身運動感和許多其他感覺。新生兒需要 6 至 8 年的時間才能實質地發展其感官。

互動式螢幕媒體的早期使用提供一種二維空間，因此，感官印象侷限在光滑，始終如一的表面上。這種操作，主要伴隨了整個身體缺乏運動的經驗。

這種片面的、不費力的感官經驗，代表了童年發展的虛耗時間，因為在運動中的快樂不見了。結果，健康的大腦發育受到了阻撓（Gertraud Teuchert-Noodt 2017，詳見「建議閱讀」第一章第一節之書目）。

　　看電視節目對嬰兒或學步兒是有害的：看不懂內容，又經常很大聲、很刺眼，那是難以經受的，可能導致焦慮和睡眠困難。如果電視「僅只」是在背景中播放，那麼你與子女的對話交流和眼神接觸都會減少。正如最近言語研究者的研究結果顯示，我們不再察覺兒童有微妙的交流信號了。

　　螢幕媒體取代了與真實世界及與他人親身接觸的地位。兒科醫師因此建議：不要讓你的孩子接觸螢幕！同時不要是被動的。幼兒越是處於無媒體的環境，在幼兒園結束時，就更會說話——無論是獨自一人或是和他們的家長在一起。

電視、平板電腦或智慧型手機的時間是不說話的時間

　　電話中或聊天中的家長雖然人在現場，但卻只是「不經意地」關心小孩。對於使用平板或個人電腦的家長也是如此。親子關係研究人員警告：

過度使用電視、個人電腦、平板電腦和智慧型手機會干擾親子的契合。這可能會破壞親子關係！

對於親子間的安全關係，生命的初始數月和數年尤為重要。與子女的親身接觸不被媒體瓜分，穩定的親子關係是對子女的健康和快樂生活不可或缺的基礎，也是對家長的額外獎勵！

第三節　提醒幼兒時期負責任的媒體教育

- 深情鍾愛的時光，以大量的身體接觸和親密面對孩子，對母子都非常重要。請給予自己這種自主的時間！
- 安靜的時間對小寶寶很重要，因為這樣他就有閒暇探索自己的身體和環境。
- 你也需要有休息的時間。因此，多少讓你的小孩習慣於自娛。即便是小小孩也會那樣做。首先 5 分鐘，然後 10 分鐘，然後 15 分鐘。一開始可能需要努力，但經過多年，這對家長和子女都有好處。
- 理想情況下，幼兒的環境應該沒有科技媒體。在兒童當前的環境中，應該沒有電視、電腦或智慧型手機。
- 你的子女不需要有螢幕的玩具。沒有特色的表面和片面性的操作（滑動和點擊）不能充分刺激大腦的發育。而且經常處在這種玩具的輻射之下對孩子的生理發展是危險的，這事應該認真對待！
- 為幼兒推薦的「媒體」：直接與兒童說話、一起閱讀或觀看書籍，以及自己製作或一起聽音樂。

第四章
幼兒園時期（4～6 歲）
真實世界的經驗和活動——越多越好！

第一節　兒童的健康發展需要什麼？
第二節　幼兒園時期螢幕媒體的影響
第三節　提醒幼兒園時期負責任的媒體教育

第一節　兒童的健康發展需要什麼？

　　重要的是，兒童透過許多不同的初始經驗，以盡可能豐富的面向接觸真實的、杜撰的世界。所有這些都共同促進大腦的健康成長，並創造日後成功學習的基礎。

- 為了感官和感覺運動統合的發展，兒童需要多樣化沒有經過安排的體驗：自然的現象，在鄉村的體驗，與動物、樂器的體驗等。
- 為了發展精細運動技能和創造力，經常鼓勵繪畫、手工藝、雕塑等都非常有幫助。兒童能夠反覆自己做東西的經歷，有助於增強他們的自信。
- 大量的運動提升認知發展。
- 真實而非虛擬的遊戲提升創造力。應該反覆提供探索「秘密」（但安全的）遊戲環境，以及與其他同齡兒童一起做這件事的可能性。
- 可掌握的空間環境和有節奏地反覆日常的活動會給人一種安全感。
- 與他人的直接接觸會激發說話能力的發展。
- 從家長的興趣和關注強化親子的緊密關係：「你對我們很重要！」
- 與他人的，尤其是在家裡的大量身體接觸，會激發所有的感官。

第二節　幼兒園時期螢幕媒體的影響

　　所有的螢幕媒體，例如：電視、個人電腦、智慧型手機、遊戲機等，都只啟動眼睛和耳朵。其他感官幾乎沒有受到任何刺激。這一點會阻礙例如：精細動作技能的發展，但最重要的是阻礙感覺運動統合（感官經驗連結）的發展。

　　大量或頻繁地使用螢幕媒體，取代了兒童能與他人相處的時間，也縮短了與真實世界直接接觸的時間。

螢幕媒體減少了與他人的說話交流，導致兒童的形象力（imagination）因為外來的形象而萎縮了。一開始，在螢幕前，不安兒童的注意力會被吸引，但隨後，躁動加劇。

　　在螢幕前的時間減少了兒童運動的範圍，並使其缺乏運動。因此，體重過重、姿勢損傷、近視等，都很常見。「根據BLIKK的最新研究，幼兒園裡有70%的幼童使用家長的智慧型手機超過半小時。其結果是語言發展及注意力失調、身體過動、內心焦躁，直至攻擊性行為等。」[111]

　　因此：限制兒童在螢幕前的時間。這一點適用於任何類型的電視、電腦及平板電腦、智慧型手機、遊戲機等。

第三節　提醒幼兒園時期負責任的媒體教育

　　合宜、靈活而創意運用螢幕媒體的可能性，不是以童年時期必須學習科技和心智能力為前提預設的，幼兒園時期應以說話能力和創造力發展為優先考量。所以，我們建議要說故事、兒童讀物，以及適度的聲音媒體。為你的孩子有規律地朗讀，或者自由地講述睡前故事也是能使彼此愉悅，並給予孩子一種安全感的時間。此外，這也為往後的閱讀預做了預備。

- 兒童房內不要有螢幕設備（電視、個人電腦、平板電腦等）！
- 電視／電影應被限制在一天 10 至 20 分鐘之內（如：芝麻街），或者（不是每天）一週一次，半個小時。
- 如果你的孩子想看兒童電影，那麼就請和孩子一起看。這樣，娛樂就是一種共同的經驗，你的孩子可以直接與你分享他的疑問和經歷。
- 小心廣告！比電視更好的是數位多功能光碟（沒有廣告、沒有短片）。這樣，你就避免了許多煩人的哀哀叫（「媽咪，幫我買那個！」）。
- 讓祖父母「上同一艘船」。這樣，家長設立的規則即可在沒有壓力（或者至少較少壓力）下實施。與孩子朋友的家長們達成協議也會很有幫助。

單親媽媽納迪亞（Nadja，35 歲）、盧卡斯（Lukas，10 歲）和約翰娜（Johanna，5 歲）：

「對盧卡斯，我得用電視來威脅他：『如果你不維持整潔，就沒有電視時間！』那真是變質了。在某種程度上，如果沒有『取消電視』的威脅，他就會什麼事也不做。那是壓力，而不是解決的辦法。雖然很難再次擺脫那種情況，但我們做到了。與更小的小孩，從一開始我就不讓自己面對這樣的困境。」[30]

第五章
小學初始年間（6～9歲）
管理和限制螢幕媒體的使用！

第一節　小學時期的發展步驟

第二節　心理學家和兒科醫師對兒童基本需求的
　　　　描述

第三節　提醒小學時期負責任的媒體教育

第一節　小學時期的發展步驟

掌握閱讀和寫作是現代媒體使用的先決條件。由於現代社會的預設需求，我們太過讓兒童專注於使用電腦以獲取知識，最終會使得兒童變得媒體無能。電腦並沒有取代書籍，而只是一種增強的功能。

童年發展的重點在於文化能力的獲得：現在他們可以騎單車、玩滑板、學游泳，懂得如何有意義地使用工具，學習掌握樂器，以及最重要的是書寫、閱讀和計算。如果兒童在學習如何閱讀上得到支持（而不是媒體的消費），他們就會因此受益更多，這樣他們就可以與父親或母親一起征服兒童文學的世界。

童年關係的範圍擴展開始超越了家庭。尤其，與同齡兒童的友誼變得非常重要。此時經常會產生衝突，但兒童必須學習理解他人、尊重他人等。

在這種情況下，成人被兒童知覺為值得信賴，而且能因此成為如何處理生氣、憤怒或攻擊的榜樣是非常重要的。

兒童還不能精準地評量自己的能力。因此，我們應該保護他們不會犯下大錯。然而，過度的保護會損害自信。犯錯和失敗都是生活和學習的必要部分，那些持續不畏障礙並取得成功的人，獲得了自信並學會正確地評估自己。

第二節 心理學家和兒科醫師對兒童基本需求的描述

兒科醫生根據他們自己的觀察制定了以下的兒童基本需求，這些需求的實現對兒童的健康發展有很大的幫助。最重要的是：[31]

· 確實的愛與安全感
兒童渴望與父母和社會環境有穩定、確實和親愛的關係。包含日常事件的確實性和可管理性。

· 讚揚與認可
尤其是在學校環境中，兒童需要能增強他們自信心的正向主導的氛圍。

· 發展上合宜的新體驗
兒童是好奇寶寶，他們想發現世界，吸收新的經驗、想法、形象、感覺，最重要的是獲得新的運動技能。在成長過程中，兒童必須掌握一系列的發展步驟，為達此他們需要非常特殊的經歷。

範例：

獨立與責任
每個孩子都是想要發展的獨立個體。這需要在訓練領域的初始步伐中取得邁向嘗試和實踐獨立的責任。

界限與結構

為了發展健康的認同經驗，兒童與照顧者的緊密經驗需要有被兒童尊重的明確、有意義的規則和界限。

・身體的統整性和安全感

兒童被尊重的這項基本需求是普遍且不言自明的信念。然而我們一次次地看見，這項基本需求被普世忽略了。

第三節　提醒小學時期負責任的媒體教育

鼓勵你的孩子發展友誼、運動、學習樂器！令人驚訝但真實的是：這是對電腦遊戲成癮、網路霸凌、對兒童不宜的內容和網路詐騙的最佳預防法。這種扎實的定錨於生活、真實的成功和真正的認可，可保護兒童免於在虛擬生活中尋找「廉價的」替代品。

・兒童房內不放螢幕設備。房間有自己電視的兒童比沒有電視的兒童會多花一個小時在螢幕前。
・明確的時間限制：每天最多 30 至 45 分鐘，但最重要的是，兒童不應該每天都花時間在（電視、平板、個人電腦）螢幕前，一週最多 5 小時。因為在螢幕前一週超過 5 小時，將損害他們的閱讀和計算能力。

- 如果可能，就不使用電腦或網際網路。如果無法做到這件事，那麼請確保兒童在使用電腦或網際網路時有成人陪同。對你的子女談論電腦或網際網路的內容以及自身所經歷的！你可以用這種方式培養子女的媒體成熟度！

- 如果你無法在子女使用電腦時陪伴他們，那麼請為你的子女在電腦、筆記型電腦或平板電腦上建置權限有限的使用者帳戶（在控制面板或使用者帳戶中）。

- 以時間限制軟體啟動時間限制（每一工作日及每一週），並安裝兒童安全軟體（見第六章第五節）。

- 6至9歲的兒童（如果能夠的話）應該只被允許在安全的瀏覽網域，而不是在YouTube上，YouTube的入口網站也包含兒童不宜觀看的影片和廣告。

- 安全瀏覽網域是特別為兒童建置，這樣他們便可以在網際網路上行動而不會遇到不合宜的內容。現在有多種選項，取決於你尋找的是什麼——每個網站或應用程式可能都有其優勢或缺點。關於兒童安全瀏覽器和搜尋網站的表單，請查看 www.commonsensemedia.org〔譯注：在台灣，可查看 Windows 家長監護功能〕，並搜尋「兒童安全瀏覽器」；也可以交替地在「家長應用程式」（Parenting Apps）下瀏覽www.screenagersmovie.com/parenting-apps。有些是在單一設備上操作，其他則是包含行動電話的全家多元的設備上操作。設置設備上，請選擇那些不要求 Wi-Fi，並確保上網的設備是透過電纜連接，而不是透過 Wi-Fi〔譯注：在台灣，可查看趨勢科技家長守護：https://www.trendmicro.com/zh_tw/forHome/edu.html〕。

- www.safesearchkids.com 上有些兒童專用的搜尋引擎〔譯注：在台灣，打關鍵字「兒童搜索引擎」即會有許多可查看選擇的合宜網站〕。請為子女安裝搜尋引擎作為瀏覽器的首頁！兒童搜尋引擎通常需要結合安全瀏覽器（請見以下最後一點），因為有些開啟的連結會在一、兩次點擊後將你的子女帶出兒童領域之外。

- 請以密碼保護軟體商店的入口，以免你的子女自行下載應用程式。請提防免費的服務！在子女單獨使用應用程式之前，一定要你親自下載並試用過。請檢查應用程式同意書是否要求監控私人領域——如果是的話，那麼在任何情況下都不宜安裝！一定要停用自動更新，以便你可以檢查是否有新的費用或協定。

- 對兒童應用程式的建議（按年齡安排）可以在「常識媒體」網站中找到：https://oakridge.apsva.us/zh-TW/counseling/common-sense-media/應用程式評論。也有其他網站——請搜尋「兒童應用程式推薦」。請注意，在許多網站上，年齡的建議是來自於應用程式的開發人員，不一定是來自中立的機構。家長需要先自行評估判斷。

- 遵守由電影產業設定的自動年齡限制〔美國電影協會（www.mpaa.org）電影分級制度或英國電影分級委員會（www.bbfc.co.uk）〕，以及娛樂軟體評鑑〔娛樂軟體評鑑委員會（www.esrb.org）〕（詳見第

76 頁和第 122 頁）。

- 在低年級，盡可能不指派電腦家庭作業。如果不可避免，那就要求在學校有監督機制的媒體教室完成作業。其次，若沒有保護的軟體或成人的監督，就不使用電腦和網際網路。

- 在小學時期，請不要給你的子女個人手機或智慧型手機！如果必須購買，那麼只能開放電話和簡訊的功能（見第六章第五節）！建議不提供網際網路連線（如：無線網路吃到飽），因為這會帶來很多風險。

托比亞斯（Tobias，38 歲）和瑪麗亞（Maria，32 歲）說：

「當喬納斯（Jonas）在學習閱讀上有問題時，大家都建議我們：多對他朗讀、少看電視、少玩遊戲機及數位光碟的時間。喬納斯現在只能在週末使用螢幕設備。沒有發生預期中的大抗議。不過頭幾個星期真的很辛苦，有很多的無聊和抱怨，但現在因為明確的規則，感覺輕鬆多了。喬納斯的閱讀能力進步很多。」[30]

第六章
從童年到青春期
（10～16 歲）
邁向媒體成熟之路

第一節　青少年的健康發展需要什麼？

第二節　螢幕媒體的影響

第三節　提醒成熟而健康的媒體使用

第四節　長期學習新媒體的提醒

第五節　安全的軟體和技術的支援

第一節　青少年的健康發展需要什麼？

青春期是身體和情感發生大規模變化的時期，心情波動通常是日常生活的一部分。兒童從先前一直都擁有的社會保護的感覺中顯現，並在世界上尋找自己的根。這是一段漫長，經歷多年發生的過程。在此期間，青少年必須掌握一系列的發展步驟。

形塑及建立身分

也許最重要的任務是形塑和建立自己的身分。這包括與自身身體變化的正向關係，也包括新出現的煩躁感。最重要的是，青少年必須心安理得地回答：「我是誰？」的問題。就像學步兒必須學習直立行走一樣，青少年必須找到自己內心的立場並學習在生命中主張此立場。

建立社會關係

青少年更進一步的理想發展進程是建立社會關係並滿足相應的責任。友誼在同齡團體內變得越來越重要。

我想賦予生命什麼意義？

青少年的第三個發展任務在實際的問題中，是關於他們想在生命中完成什麼、想要獲得什麼教育，以及如何實現生活的目標。「我的生命任務是什麼？我必須做什麼才能實現我的目標？」這即是如何能表述青春期的議題，通常會延續至成年早期。

青少年經常遇到比他們實際年齡大很多的人！媒體和廣告的世界尤其助長了早熟的性慾。因此，創造抗衡的力量更為重要。對家長來說，這不是件容易的事：允許健康的獨立範圍，但也維持必要的責任。

第二節　螢幕媒體的影響

　　在 10 到 16 歲之間，兒童與媒體的關係改變了。他們著迷於數位的世界、智慧型手機、電腦和網路，這一切對他們來說都變得越來越重要：
- 12 歲時，大約有四分之三的兒童單獨瀏覽網際網路。
- 他們越來越多地參與社群媒體（Facebook、Instagram），而且大量地使用數位通訊科技軟體（WhatsApp 等）。
- 最重要的是，他們在網路上尋找娛樂（遊戲、電影、音樂）。

　　然而，
　　兒童和即將成為青少年的人尚未具備成人的成熟判斷力和生命經驗。他們還不能識別並看穿巧妙的行銷手法或受意識型態影響的文本。

將兒童視為比成年人更能在網路上找到自己門路的「天生數位人」，這樣的觀念是不正確的：這件事誤判了一項重要事實，儘管兒童擁有操作所有系統的技能，但他們缺乏適當理解網路所提供的內容優劣與否的能力。年齡分級（例如：美國電影協會或英國電影分級委員會和娛樂軟體評鑑委員會，詳見第 70 頁和第 122 頁）仍然很重要，但在許多情況下卻被忽略。青少年必須學習保護自己才能與媒體所提供的有令人上癮的潛在功能相抗衡。因此給予他們自用的設備只會製造問題（詳見第七章）！

　　英國兒童安全入口網站（www.safekids.co.uk）以 CCCC（Content, Commerce, Contact, Culture）方案，即內容、商業、接觸、文化概述了兒童和青少年所面臨的危險：

- 兒童不宜的內容：色情、厭食症座談會、暴力表現、粗俗影音、左右派激進主義、撒旦主義等。
- 商業誘惑：廣告、侵略性行銷、垃圾郵件、博弈網頁，性愛提供等。
- 接觸：假造的聯繫人、戀童癖者的口語性侵、身體接觸導致的真實侵犯等。
- 文化：霸凌、下載非法的音樂數位資料、遊戲、電影，及侵犯版權等。

作者們因此對於 10 至 13 歲年紀的兒童建議：

- 不在 Facebook、WhatsApp 或其他資訊服務上創立無家長監管的帳戶：根據歐盟一般數位資料保護規範（General Data Protection Regulation, GDPR），只有從 16 歲起，帳戶才得以無須經家長同意而合法使用（詳見 https://gdpr-info.eu/art-8-gdpr/）。如果兒童未滿 16 歲，必須有家長予以同意始得開立帳戶。接著，家長有法律義務去監督和監控帳戶的使用（見第八章第五節）。
- 不使用行動設備（智慧型手機、平板電腦等）。
- 兒童房裡不放螢幕設備。

第三節　提醒成熟而健康的媒體使用

在這個年齡，兒童／青少年需要健康地獨立行動的自由尺度，但也需要明確的規則。不要執行嚴格的禁令，而是要花時間說明，而且不要監視你的子女。支持（非媒體的）興趣，從而對時機未成熟的媒體消費提供平衡作用。

- 給有青少年的家長一個好的提示：例如：在客廳－廚房區放置公用電腦。關於誰可以使用、什麼時候使用可能還有更多的協商，家長可以用這種方式保持關注網路使用的時間和內容。
- 如果你的子女在沒有監督的情況下使用電腦上網，那麼絕對要安裝能限制使用時間的軟體和過濾不安全瀏覽內容的程式（見第一章第三節和本章第五節）〔譯注：如教育部 X 趨勢科技合作網路守護天使 3.0（https://www.trendmicro.com/zh_tw/forHome/edu.html），及網路內容防護機構（https://i.win.org.tw/index.php）〕。
- 請在智慧型手機上安裝能限制設備功能和使用時間的應用程式（詳見 www.screenagersmovie.com/parenting-apps 和第一章第三節及本章第五

節，第 84 頁）。〔譯註：華語讀者也可以關鍵字：「家長監護」上網搜尋〕。

- 一旦在個人電腦或智慧型手機有網路的入口（請不早於 12 歲，然而，如果晚一點會更好──越晚越好），那麼請以媒體使用合約的機制，以書面約定使用的時間（如：每週 7 小時）（相關建議可參考 www.screenagersmovie.com/contracts，或在網路上搜尋關鍵字「parenting media usage contract」）〔譯注：補充另一適合參考的網站：www.uslegalforms.com/forms/us-1164bg/social-media-contract-between-parent-and-child〕。

- 此外，你需要思考並協商當規則或合約不被遵守時的後果！你的子女必須清楚，在犯規的情況下你會實施哪種處罰。言行一致地堅守你的界限。安靜地忍受衝突是值得的，這樣，更重要的是，壓力、輻射和上癮的風險就被防止了。

- 從根本上，建議行動設備（智慧型手機、平板電腦）和網際網路應只在規定時間內使用，並應確保輻射最小化（見第二章第二節）。

- 使用有限制的、精心挑選的教育影片以及可支援你的子女學習的教育軟體（見本章第四節）。
- 教導有關危險及法律的規範。當兒少在處理自己的影像或錄音，或其他人的影像或錄音時，通常，他們沒有任何罪責感（見第八章）。
- 解釋什麼是兒童／青少年不被允許做的事情。對任何屬於罪責範圍的行為卻採取寬容態度的家長，即是對子女極其不負責任的行為。
- 晚上請將智慧型手機存放在兒童臥室以外的空間。
- 成長到媒體成熟期，兒童／青少年即可以獨立使用媒體，不過這需要時間。

媒體成熟期包含了識別和評估與新媒體有關的機會和風險──其中特別是長期使用的誘惑、上癮的危險、被監控、失去隱私，和伴隨著被操縱的危險，以及輻射風險等──並決定有關媒體使用的種類和數量。因此，媒體成熟期也代表青少年能夠選擇保護他們免於許多風險的非媒體替代品，例如不使用智慧型手機。

第四節　長期學習新媒體的提醒

兒童房裡有個人電腦嗎？

在兒少房裡的螢幕媒體設備越多，兒少使用這些設備所花的時間就越長。而且如果他們擁有自己的個人設備，那麼（16/18 歲年紀）使用不合宜的電影和電腦遊戲就會更頻繁。因此，在兒少房裡請禁止使用螢幕媒體！

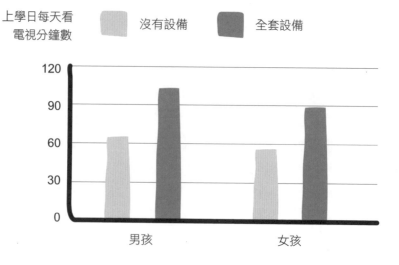

上學日每天看
電視分鐘數

　　沒有設備　　　全套設備

- 男孩
- 女孩

120
90
60
30
0

　　這說起來容易做起來難。誰不熟悉：「媽咪、爹地，可是其他人都有！」什麼才能幫助家長平靜且合理地說不？從長遠看，你肯定是在幫子女的忙，你在保護他免於螢幕媒體的危險：暴力、色情、霸凌、上癮，子女才有更多時間做真正想做的事情：「在外面玩」以及「和朋友見面」。根據調查，這是德國小學生最喜歡的自主活動時間。

　　如果年長一點的子女需要為了課業而在電腦和網路上工作呢？即便如此，他們也不必為此需要有個人設備。他們可以因為這個目的使用公用的「家長電腦」，然後將其關機。

個人電腦、電視、手機對學習有用嗎？

一方面：

研究顯示：對於較年長的兒童和成人來說，有節制地使用數位媒體作為輔助的學習工具是有用的。

實例：一個為刷新西班牙語技能的個人電腦語言課程，一個為改善閱讀障礙的培訓計畫，一部有關魚類的電影。然而，若為書寫有關泰國的地理論文，我們推薦使用「紙本的百科全書」。為什麼？因為在 Google 和其他類似的搜尋引擎上，這種搜尋會很快地把人帶到含情色元素的網頁上。

另一方面：

兒童花在螢幕媒體前的時間越多，他們在學校的表現就越拙劣。科學家特別以這種方式解釋了該負面相關的關係：為了能成功且獨立地解決問題和學習，兒童需要真實生活中的體驗。電視、個人電腦、手機等被認為是時間竊賊，並且涉及到取代所有感官的學習。此外，學習動機也受損了：如果一個人非常習慣於明亮、大聲、快速的影音剪輯，那麼學校的書本就顯得枯燥而乏味了。

結論：

為了長遠的學習，兒童需要沒有來自家長的成績表現壓力的支持，在教室裡有良善的社會環境，以及在學科和做人方面有令人信服的老師。

防止過多的螢幕媒體也很重要。兒童年紀越小，使用時間越長，內容更多暴力，螢幕媒體造成的傷害就越大。適齡的推行越成功越好，電視、個人電腦和手機等對思考、研究和學習的貢獻就越多。

第五節　安全的軟體和技術的支援

　　一般而言我們會說：

- 科技可以以限制的方式幫助保護兒童免受網路上危害青少年的欺詐內容和不良接觸的影響。

- 有些保護機制是智慧型手機和公司的標準配置，只需啟動即可。其他相關的保護機制也很容易下載及安裝成為軟體／應用程式。

- 光靠科技的限制是不夠安全的。家長們必須和子女討論相關網路連線行為的「正確」方式，這樣他們才可能將風險降到最低（見第七章及第八章）。

這特別意味著：請在你的家用電腦、筆記型電腦或平板電腦上，為子女設定有權限的用戶內容。請為子女啟動有時間限定的軟體（每天和整週型的），並安裝也稱為過濾軟體的兒童安全軟體。

以下列出一些目前市場上可資利用的時間限制和兒童安全軟體的樣本。我們不能保證這種軟體是否真的好用。有關「螢幕時間管理應用程序」的完整列表和評論，請參閱 www.screenagersmovie.com/parenting-apps。更多的兒童安全軟體，以及不同產品的測試也可以在所有搜索引擎中，在關鍵字「兒童安全軟體」的搜索下找到。

Screenagers 網站也在所有你與子女和青少年共同工作的各方面提供有用的資訊，以幫助他們找到與手機和螢幕使用的健康關係。片名為「螢幕人」（Screenagers）的長篇電影，對美國的政策制定產生了影響。請見 www. screenagersmovie.com。

個人電腦和 Mac 電腦的示例（這之中有些也包含手機）：
- Salfeld 家長監控（免費下載）：salfeld.com/en。
- 卡巴斯基完全安全：www.kaspersky.co.uk/total-security。
- 網路保姆：www.netnanny.com。一個很流行的應用程式，但有評論說，在電腦上比手機更有效。

- 微軟家庭安全設置（內置於 Windows 8 和更之後的操作系統中，免費）：進入「控制台」設定孩子的帳戶。從這裡你可以設定過濾程式和時間控制〔譯註：https://www.microsoft.com/zh-tw/microsoft-365/family-safety〕。
- 在 Mac OS 作業系統上，進入「偏好」下的「家長控制」（免費）。

你的網際網路瀏覽器也有白名單和黑名單的功能（免費）。

有些路由器有內置的家長監控選項；如果沒有，你可以設定一個 OpenDNS 帳戶（搜尋「OpenDNS 路由器」以獲取家長監控「說明書」——它是安全的，而且是可取消的）。請注意，這可能會對所有網路上的用戶應用相同的過濾器和管理權，不過有些用戶可以在網路上對不同的 IP 位址應用單獨的過濾器。這也是一個免費的選項。

只要有個人平板電腦或智慧型手機就可能無監督的上網，因此請為你的子女或青少年安裝具備功能及時間限制的軟體或應用程式。

手機的示例（加些以上所列）。大多都可以用在安卓和蘋果手機上：
- SPACE，之前稱為 Breakfree App：findyourphonelifebalance.com。
- 家庭時間：familytime.io。
- 我們的協議約定：ourpact.com。
- Moment〔譯注：是 iOS 上的一款應用程式，可幫助家庭監控家中不同成員設備的螢幕使用時間〕：inthemoment.io，安卓和蘋果手機均適用。它可以幫助你脫離電話，而它因為具有「輔導」功能，所以更適用於年齡較大的兒童或成人。
- 螢幕時間和應用程式限制是蘋果新 iOS 12 手機的一部分功能。

有關以上各項的描述，請參閱 www.screenagersmovie.com/parenting-apps。

譯注：在台灣，教育部設有網路守護天使網站，家長若有需要，請進入網站參考：nga.moe.edu.tw，免費下載 PC-cillin 家長守護版。

- 時間管理
- 帳戶管理
- 防護設定
- 防護報表，完成註冊再享 30 天全方位防護體驗（防毒防詐，交易安全、密碼保護、WiFi安全）。手機「家長版」：支援 Android、iOS。
- 遠端管理
- 手機定位手機「小孩版」：支援 Android、iOS・阻擋廣告・YouTube 背景……等。

第七章
使用數位媒體的危險

第一節　與社群媒體相關的壓力
第二節　媒體使用過度及成癮的危險
第三節　對於個資的不慎處理
第四節　網路霸凌和網路騷擾
第五節　青少年不宜的網站

第一節　與社群媒體相關的壓力

　　2017 年春季發布的 JIM 研究[12]顯示，12 至 19 歲青少年使用數位行動設備和相應的通訊科技應用程式的人數正在增加。95%的青少年使用 WhatsApp 應用程式，其次是 Instagram（51%）和 Snapchat（45%），還有Facebook（43%）。這些電子助手牢牢地扎根在年輕人的日常交流之中。12 至 13 歲兒童每天使用的時間通常為 2.5 小時，14 至 15 歲青少年超過 3 小時，16 至 19 歲青少年幾乎達到 4 小時。

　　隨時隨地都可以聯繫得到的通訊自由，是一種祝福，也是一種詛咒。青少年越來越常抱怨通訊科技的壓力，除了要忙其他事情，每個月都必須閱讀和書寫多達 3,000 條 WhatsApp 訊息。[13]同時，根據 2015 年由北萊因－威斯特伐利亞（North Rhine-Westphalia）州立媒體管理局委任的一項研究，在 500 名 8 至 14 歲的受訪兒童和青少年中，有 120 名（即 24%）因為經久使用如 WhatsApp 等即時通訊科技服務而感到壓力。[1 11]而 500 人中，有 240 人（即 48%）承認會因行動電話而分心，例如無法專注於家庭作業。

越來越多的青少年受到這種不可言喻的、不容置疑的要求持續通訊的獨裁所支配，當鈴聲響起時就要立即回應，而且這是從起床後就開始，一直持續到深夜。同儕團體的社群壓力伴隨著其似乎不可避免的義務，要隨時待命並隨時反應，這意味著非常高強度的通訊壓力。反過來，不即時回應訊息會讓這些青少年產生一種社會孤立感和孤獨感：這種新的壓力狀態被稱為 Fomo，即害怕錯過（Fear of Missing Out）。

根據智慧型手機製造商 Nokia 的一項研究，年輕人使用智慧型手機的次數一天多達 150 次。如果每天必須閱讀和回覆 100 條訊息，那麼實際持續地使用通訊科技媒體就不可能沒有留下影響了：它會頻繁且強迫性地導致中斷其他活動（平均每 9 至 10 分鐘一次），從而導致持續性的多重任務並行[13]。

對認知和學習的影響

多重任務並行的特徵在於所有的事情都是持續同時進行，這代表注意力將不斷地轉換，並導致所謂的注意力緊張：例如，在電腦前完成作業的學生，除了作業，幾乎三分之二的時間都忙於其他事情。

由於多重任務並行，青少年只專注單一件事情的時段持續減少。直到最近，微軟發布了一項研究表明，青少年在 2000 年的注意力時間跨度為 12 秒，在 2013 年已減少到 8 秒。而金魚的注意力時間跨度為 9 秒，甚至高出了 1 秒！注意力跨度的減少意味著：專心的能力下降了！[13]

多重任務並行的人實際上正在邁向注意力障礙之路[14][15]：他們發現自己很難不跟進不相關的事物，或者很難忽視從環境或心智而來的刺激。其結果是，在重要的任務上，尤其在學習上，會出現淺薄性和無效性，因為在某種程度上大腦是疲憊不堪的，其吸收能力已因刺激太密集而耗盡了。因此，新學到的內容只能以有限的方式停在長期記憶中：因為大腦需要休息的時間來鞏固所學到的內容，而那是多重任務並行所不

允許的。

- 言語能力和觸覺能力會退化：智慧型手機因為無質感的表面，在我們的大腦中留下了同一性與無結構性的觸覺印象。「當我們在真實世界中觸摸和移動某物時，這對我們建構認知概念能力的影響比我們以前領悟到的還更顯著。」（Martin Korte 2010[16]）
- 閱讀力越來越處於下降趨勢：手中從未拿過書的不閱讀兒童比例已經幾乎翻升了四倍：2005 年是 7%，2014 年已是 35%。比例最高的不閱讀者是 16 至 17 歲的青少年，占 25%，尤其是在正規教育中學習成就較低的青少年。[12]

精神疾患

除了對專注力和記憶力的影響，在通訊科技壓力和多重任務並行的情況下，首先會出現不安、緊張、易怒和頭痛的症狀，在過去幾年中這些症狀的出現都急劇地增加。睡眠障礙和白天疲累也都不斷地增加：這些可能都是使用智慧型手機一直通訊到深夜的結果。其他無法被排除的精神疾患（心臟病、非理性恐慌、憂鬱症等）是由持續不斷的無線通訊輻射所引起或增加的（見第二章）。

對社會生活的影響

2014 年德國數位聯盟（BITKOM）的一項研究中，超過 1,000 名青少年被問及智慧型手機和 Facebook 在哪些情況下會令人不快。答案顯示，青少年能夠準確地感知手機對他們生活的影響。一個男孩寫道：「它最困擾我的是當我累了、想睡覺的時候。因為它，我睡太少了。」一個女孩說：「事實上，因為在任何情況下，人們都一直盯著它看，所以浪費了很多時間。」最常見的評論是：友誼因智慧型手機而瀕臨危險。一位參與者解釋說：「我的朋友花在手機上的時間比花在我身上的時間更多。」此刻，他們把虛擬的生活置於真實生活之上，儘管只有真實的生活才能創造我們日後會記住的經歷和感覺。[18]

碧翠絲（Beatrice）不喜歡當她和朋友出去時，他們只玩自己的行動設備這件事：「不知怎的，每個人都分心了，而且，當我因為不再有人真正在聽，而每件事都得重述三遍時，那真的很煩人。」只有我的祖父母仍然能夠傾聽。巧合的是，他們沒有手機。

長久不經思考的網路連線及隨時準備回應的趨勢，已經從根本上改變了青少年的生活以及他們與人的友愛情誼：行動設備已變得比在你身邊的人更重要了。數位世界正在取代直接的社會性接觸。儘管擁有這一切的通訊科技，但社會存在著孤立。這種「飛逃」入虛擬通訊世界的（副）作用已可清楚地看到了：

・青少年適當地解讀社會現象的能力受到阻礙。這可以從同儕團體中缺乏或完全沒有社會性同理行為，或缺乏建設性、社會性地接納衝突的行為中看出來。美國心理學家莎拉・柯拉思（Sarah Konrath）的一項研究 [19] 顯示，自 1990 年以來，大學生的同理心能力下降了約 40%：自戀－自我中心的通訊行為，與越來越多自我表現的傾向聯合主導（其中包括自拍和按讚）。

・不具無約束力的本質也在增加：儘管以前的安排會面是預定並照規矩執行，當今的個人時間規劃卻不斷地臣服於新的協商、安排和計畫改變。通常只有附帶條件，安排才會發生。

．青少年很少需要想出什麼才能填滿他們的自主時間。因為依賴易於獲取及短時間的媒介更容易，如智慧型手機、iPod 或 Xbox，結果與人見面、運動和閱讀都被忽視了。因此，個體性和創造性可能會退化。

什麼是重要的？

如果青少年在網路上花大量的時間，但只要仍然培養直接的社會性接觸和嗜好，而且學校課業也不受影響，網路本身便不需要引起關注。然而，使用數位通訊科技和數位娛樂的連鎖反應不應該被低估（見第七章第二節）。

青少年越來越感受到情況本質的矛盾：他們不喜歡沒有數位通訊的生活，但他們對於收到大量的訊息感到惱火，而且抵制必須立即回覆的獨裁統治。他們不想成為快速的奴隸。每當手機響起，就一定是很緊急的觀念，是強迫，是困境，年輕人通常無法靠自己從中逃離。其中，青

少年必須學習將討論減少到最實質的重點。他們必須學習有意識地決定他們允許什麼進入他們的頭腦。

　　身為家長，你能做什麼？請與你的子女開始討論並努力引發在媒體和其他自主活動時光之間的平衡。如果沒有別的事情，科技工具（例如時間限制的軟體）也可以幫助找到適當的平衡點（見第六章第五節）。如有必要，請尋求專業的協助（見下一節）。

第二節　媒體使用過度及成癮的危險

「我擔心有一天科技會超越我們人類的互動。這世界將會有一世代的白癡。」

阿爾伯特・愛因斯坦（Albert Einstein）

　　德國保險公司（DAK）在 2015 年的「兒童房內的網路成癮」[20] 研究，以令人震驚的數據證實了一項不可忽視的全球青少年，甚至兒童的動態：有 50% 的 12 至 17 歲青少年，日常網路時間已達每日 2 至 3 小時，週末花費時間平均達 4 小時。在週六或週日，20% 的男孩和女孩花 6 小時或更多時間玩電腦遊戲或使用網路。

　　媒體使用的風險越來越明顯：22%的兒童和青少年在他們必須減少網路使用時會感到不安、情緒化或易怒。已有 5%（也就是約 12 萬）的

人受害於網路使用的疾病後果，而且約有 8% 的人已顯現越來越高的網路成癮風險，亦即：他們每天花 8 至 10 個小時在遊戲上，並強迫性地忽視他們其他的活動。

12 至 17 歲青少年網路成癮之研究與調查

50 %
每天漫遊網路 2 至 3 小時，週末多至 6 小時

22 %
在必須減少網路使用時會感到不安、情緒化或易怒

60 %
9 至 10 歲兒童在沒有電視、電腦或其他數位媒體的情況下，最多只能獨處半小時

40 %
13 歲兒童表現出學習和專注力失調

　　在德意志聯邦共和國藥物委員會（Drug Commission of the Federal Republic of Germany）2015 年的 BLIKK 媒體研究 [11] 脈絡中，一項對北萊茵－威斯特伐利亞州（North Rhine-Westphalia）兒科業務的調查顯示：「德國有超過 60% 的 9 至 10 歲兒童，在沒有電視、電腦或其他數位媒體的情況下，可以至多保持半小時專注。更有甚者，有 40% 的 13 歲兒童表現出學習和專注力失調。」許多家長同時抱怨他們的子女更喜歡電腦遊戲和電視，因而忽視了其他像閱讀書籍的活動。

因此醫師兼媒體治療師伯特‧特‧威爾特（Bert te Wildt），在他的《數位成癮者》（*Digital Junkies*）[34] 一書中，將智慧型手機描述為無失誤的上癮媒介和毒品啟動器：「透過有意的內裝的獎賞機制，用戶被設備吸引，然後其自我控制就被關閉了。」[24]

兒童和青少年越來越沉迷於網路！

麥克斯（Max，16 歲）的家長為諮詢而來。

母親黛安娜（Diana，35 歲）說：

「我們過去總是為麥克斯感到驕傲，總是希望他得到最好的。我們給他新的電腦遊戲作為他得到好成績的獎勵。當上週他因為我關掉網路而把門踢破時，我們醒了。幾個月以來，麥克斯幾乎已經完全生活在他的網路連線世界裡。他在學校的成績滑落，而柯特（Kurt）和保羅（Paul）也不再來訪。麥克斯老早就放棄足球了。他自己認為沒有問題，但我們感到絕望，也不知道該怎麼辦。」[30]

最後麥克斯被診斷出電腦遊戲成癮。對於其他憂心忡忡的家長，諮詢師會提供建議或協助他們解除警報。

　　麥克斯不是例外！數位媒體令人成癮的潛力格外能壓垮兒童和青少年：根據德國保險公司在 2016 年的研究，12 至 15 歲的年齡群中，有 5.7%（約 69.6 萬人）受到了電腦遊戲成癮的影響，男孩為 8.4%，明顯比女孩更依賴電腦遊戲。[21]2017 年 2 月，德國聯邦健康教育中心證實了這件事，一項最新的研究（「德意志聯邦共和國 2015 年青少年毒品吸引力，電腦遊戲和網路總量」）：大約 27 萬介於 12 至 17 歲的青少年（相當於 5.8% 的比例）患有「電腦遊戲或網路相關的失調」。自 2011 年以來，4 年之內，數字已幾乎經翻了兩倍（從 3% 增至 5.3%）。當男孩花大部分時間在網路連線遊戲時，女孩則多因通訊科技而使用網路。根據德國保險公司「兒童房內的網路成癮」研究，已有 3.9%（6.5 萬名）12 至 13 歲兒童受影響了。

　　因此，越來越多的兒童和青少年必須接受治療也就不足為奇了：只要看看位於漢堡埃彭多夫大學門診部（University clinic of Hamburg-Eppendorf）的德國兒童和青少年中心案例，每年約有 400 名網路成癮的兒童和青少年。大約每 10 位就有 1 位兒童使用網路逃避問題。專家認為，在德國可能有多達 100 萬人沉迷於網路。

有感地使用 24 小時──謹防時間竊賊

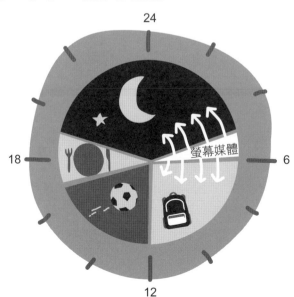

警示的跡象

　　過度使用網路的最初跡象通常不會被那些受影響的人注意到，或者至少在很長一段時間內不會被知覺為有所妨礙，因為成癮的過程是漸進的。如同其他形式的成癮，網路成癮都是越來越依賴網路消費以達滿足的情緒狀態。因此對於網路消費的程度，他們會努力欺騙或安撫家人和其他親近他們的人。家長應該關注以下情況，如果：[20][27]

- 使用時間持續增加，而其他自主時間的活動被忽視，甚或完全被放棄。
- 你的子女直到很晚仍坐在電腦前，睡眠明顯減少，並發展出晝夜顛倒的節奏，因而常在白天感到疲憊。
- 對於企圖限制使用的反應非常敏感，當他沒有了網路／電腦的存取，或必須減少網路／電腦使用時，他會情緒低落、生氣甚至憤怒。
- 他會激烈地協商網路／電腦的使用，而且／或者偷偷地在夜間開啟電腦。
- 你的子女很明顯地變得較少有實際的社會性接觸，而且似乎避免碰面，討論事情時也顯得迅速而膚淺。
- 你的子女忽視該完成的任務和義務（例如：學校缺席增加，即將到期的截止日被拖延了數週）。

・如果你公開地論及（成癮）問題，你的子女會以被激怒的態度反應，並爆發爭執。

如果你有這種經歷，你應該要認真面對你的擔心：那些受影響的人通常很難實際地評估他們自己的網路使用情況，因此需要外界的幫助。他們常因羞恥感而淡化自己的網路／電腦使用。

家長對於網路成癮的自我檢測

這是一系列自我診斷的問題：一個中國團隊利用以下問題研究了大量的網路使用對青少年大腦的影響[22][23]：

1. 是否有完全沉浸在網路中的感覺？你還記得你上次的線上活動嗎，或是你正渴望著下一次的線上活動？
2. 你是否需要增加網路時間才會有滿足感？
3. 你是否在控制、減少，或放棄網路使用方面屢屢失敗？
4. 你是否在努力減少或放棄網路使用的時間時感覺到焦慮、情緒化、抑鬱或敏感？
5. 你是否花在網路上的時間比你原本預計的還多？
6. 你是否會因為網路而冒著失去重要關係、工作、教育，或職涯機會的風險？
7. 你是否對家人、治療師或其他人撒謊以隱瞞你使用網路的實情？
8. 你是否利用網路逃避問題，或減少焦慮，例如：無助、內疚、擔心或抑鬱感等狀況？

研究人員以這種方式評估你的答案：「如果你對問題 1 至 5 的答案均為『是』，而其他至少有一題答案也是『是』，那麼你就是網路成癮了。」

由德國聯邦衛生部贊助的 OASIS 平台上，你可以為自己或親人進行網路連線測試（對於講德語的人，請嘗試：www.onlinesucht-ambulanz.de/selbsttest）。其獨特之處在於該平台還額外地提供網路連線關照服務，並能推薦你至所在地區的相關治療中心。在此，我們將該平台作為其他國家服務的潛在模式。

以關鍵字「網路成癮檢測」搜索，你可以找到許多英文的自我檢測電腦遊戲和網絡成癮的工具。有四個範例：

- psychology-tools.com/test/internet-addiction-assessmen
- psychcentral.com/quizzes/internet-addiction-quiz/
- www.ukat.co.uk/internet-addiction/
- www.screenagersmovie.com/internet-addiction 一份經驗證過的問卷，用於診斷有問題和病態的電玩遊戲使用，也有資訊和補救的連結。

譯注：以下是我國用於診斷網路成癮問題，並提供資訊和幫助的連結網示例。

- 衛生福利部心理健康司：

  https://dep.mohw.gov.tw/domhaoh/cp-4910-55038-107.html

  該網站為網路成癮專區，除提供「網路使用習慣量表」，也提供其他網路成癮相關常識與資訊。

- 教育部全民資安素養網：

  https://isafe.moe.edu.tw/article/1933?user_type=4&topic=5

- 台灣網路成癮輔導網：

  http://iad.heart.net.tw/Q&A.html

- 中小學網路素養與認知：

  https://eteacher.edu.tw/Game.aspx?id=207

  https://eteacher.edu.tw/Materials.aspx?id=6

媒體使用過度的最重要影響

缺乏運動

花太多時間在螢幕前的兒童經常表現出遲緩的運動發展。太少運動會導致循環不良，也會導致頭部循環不良。這將損及例如：精細運動技能、思考、創造力和自發性等。

體重超標

花較多時間在螢幕前的人通常都體重超標。體重超標會有一系列的嚴重後果：糖尿病（第二型）、動脈硬化、心臟病。問題是：哪個是雞，哪個是蛋？是否看太多電視導致體重超標？還是相反呢？紐西蘭的研究人員觀察了 1,000 名從出生到 30 歲的人。

結論：體重超標、糖尿病，和上學困難，實際上都是看電視時間過長的結果。

睡眠障礙

許多人會在電視機前睡著。這是否意味著電視促進健康睡眠？對兒童而言，情況恰恰相反：電影或電腦遊戲越令人興奮，之後兒童的睡眠就越差。尤其是如果在就寢前還開著電視。

花越多時間在螢幕上，給睡眠的時間就越少，這對學習也是不利的：因為在白天經歷的事情必須在晚上加工處理並做整合。

社會性接觸與發展上的障礙

儘管在網路上有許多虛擬的朋友，如果幾乎沒有培養任何真實的社會性接觸，那麼生活的一個重要面向是被忽視的。這可能導致人際關係障礙、發展上障礙以及對生活狀況的焦慮程度增加。心理－社會成熟度停滯不前，因為基本的發展步驟的時間被浪費掉了。

南韓正在樹立一個好榜樣！

多年來，美國的兒科醫生一直在警告上述的風險和副作用，而且已要求不應該給予學步兒任何數位媒體，兒童應該只有在明確的時間限制下才能使用數位媒體。南韓的教育政策現在已經應用了這些建議：南韓是自 2015 年以來，第一個由政府制定法律保護年輕世代免受新科技嚴重影響的國家。

如果你未滿 19 歲而買了智慧型手機，就必須安裝好以下軟體：
1. 封鎖對暴力和色情的存取。
2. 登記每日使用智慧型手機的時間，並在你超越該時間限制時發送通知

給你的家長。

3. 半夜後中斷與遊戲伺服器的連接。

擁有最先進科技的國家已經體會到，保護下一代免受這些科技的風險和副作用是多麼重要。在全球，南韓是擁有最先進數位基礎設施的國家，也是全球智慧型手機產量最多的國家。因此，在 10 到 19 歲的年齡群組中已有 90% 的人近視、超過 30% 的兒童和青少年對智慧型手機上癮[23]，而且許多人因為頸椎長久處於彎曲的姿勢而有姿勢體位的損傷。

什麼是重要的？

許多家長不確定子女的網路使用狀況。在許多家庭中，數位媒體的大量使用導致爭吵——之後更導致疾病和依賴。單純為了掌握科技而儘早地引入媒體，顯然不足以成為自主使用的理由，而且也不能成為唯一的目標。（操作性）技術知識並不能防止成癮。作為預防措施，本指南建議盡可能地延後接觸螢幕媒體的時間，而改以提供各種來自真實世界的其他替代性選擇，這些可以成為你子女的抗衡保護。

如果它「著火」了，那就什麼也都做不了了。

　　如果你的子女表現出成癮行為的跡象，我們建議你在諮詢或治療中心介入調解。譯注：我國的一些中心包含有：

・衛生福利部心理健康司：

　https://dep.mohw.gov.tw/DOMHAOH/cp-4104-46990-107.html

　該網站提供各縣市網路成癮治療服務資源表，其中包含治療或諮詢的醫院和中心、服務時間及電話等。

・衛生福利部心理健康司網路成癮專區：

　https://dep.mohw.gov.tw/domhaoh/cp-4910-55038-107.html

　　在英國的一些中心如：

・英國成癮治療中心：www.ukat.co.uk/internet-addiction。該網站提供協助的諮詢熱線號碼、系列的中心清單和網路成癮的自我測試等。

・英國的修道院集團（The Priory Group in the UK）：www.priorygroup. com/addiction-treatment/internet-addiction-treatment。該網站提供查詢號碼及諮詢或治療醫院和中心的資訊。

・在美國重新開始：www.netaddictionrecovery.com。他們的使命是：「為人類和地球提供可持續的數位媒體使用。」這是美國第一個專門處理可疑的網路、電玩遊戲和技術使用的中心。

・若想瞭解更多美國各中心的表冊，請瀏覽www.screenagersmovie.com/ internet-addiction。

　　以下可以找到更多的資訊和協助：

・7 Cups：此網站透過歷經培訓養成的傾聽者聯繫遭受情緒困擾的人，提供他們免費支援、網路連線治療。

・網路連線搜索「協助網路成癮」，更多網站及其他國家的服務或中心。（譯注：如 http://iad.heart.net.tw/web.html 台灣網路成癮輔導網。）

第三節　對於個資的不慎處理

　　確保兒童和青少年的隱私是非常重要的：通常，你不知道你在智慧型手機和網路上的活動在多大程度上對未知的第三方開放了，也不知道——無論是因使用 WhatsApp、Snapchat、Facebook、Instagram 及Amazon等，甚或是在網路上，例如使用了Google的搜尋引擎時，有多少個人資訊進入了他們的手中。

「我沒什麼好隱瞞的！」——真的嗎？你在網路、智慧型手機或平板電腦上暴露了你的數位資料

　　如果你經常使用網際網路（這幾乎是所有青少年都在做的事），從而洩露了有關你自身所有的生活方式，最終你會讓你的隱私越來越多地進入公共領域：記住，網路不會忘記任何發生過的事！大多數的搜尋引擎（例如 Google 或 Microsoft）都會記錄你的搜尋關鍵字和你的 IP 位址，並使用所謂的追蹤Cookies來儲存你的搜尋資訊、你訪問的時間及選擇的連結。只有少數的搜尋引擎不利用廣告追蹤你，或蒐集並發布有

關你搜尋的數位資料（例如 Startpage 或 DuckDuckGo）。同樣地，許多網站都透過Cookies保存了你選擇的連結和其他個人的數位資料。Google秘密地彙編了有關個人曾經創建的個人資訊，它可能是在大型搜尋引擎中最大的數位資料庫。

許多應用程式（例如像寶可夢 Go 這類需要記錄手機位置的遊戲）都隱藏，甚或公開地內置了偵察功能。大約有60%的免費應用程式都要求進入你的通訊錄、位置或全球衛星定位系統（GPS）的數位資料、相機等才能運作，儘管這個存取要求通常與提供的服務無關，而且其唯一目的就是要蒐集數位資料。

「爭辯說你不在乎隱私權，因為你沒有什麼好隱瞞的，就如同說你不在乎言論自由，因為你沒什麼好說的一樣。」

愛德華・史諾頓（Edward Snowden）

當每一次因使用網路或點擊智慧型手機而不可避免地出現數位資料時，這些資料不僅被聚集，也被彙編，並在許多情況下被許多公司，例如 Google、Facebook、Amazon，和一些隱藏的事業等（以所謂的演算法）自動地評估：姓名、地址、電話號碼、出生日期、性別、家庭環

境、健康狀況、偏好、興趣、（政治、宗教）信仰和態度、職業和社會
地位、社會環境和文化背景、消費習慣、信用紀錄、支付的風紀（pay-
ment morale）、信用價值，以及更多有關網路用戶的數位資料都被彙編
了。這種個人數位資料檔案（所謂的「數位分身」）被販售給營銷專
家、銀行、保險公司、人力資源部門、政府當局雇員及其他利益的黨
派，甚至到駭客和罪犯等，因此，獲得了數十億的利潤。我們可以說，
個人數位資料是 21 世紀的黃金，因為幾乎每個人的數位分身都已被製
造成或多或少有價值的、可銷售的產品。應用程式和其他免費的網路附
加功能是如此藉由你的數位資料「支付」的——希望不是因為要使用特
定應用程式才不小心接受了同意協定。

你總是吃虧的：因為你獲得的免費應用程式的價值，遠低於你給出
去的數位資料的價值。

隱私的失去意為：縮減你的自由

你未經許可而被偵察，那代表你對你個人隱私的蓄意忽視，是對你
在憲法法定擁有數位資料保護和隱私權的傷害。你越長時間在網路上輕
率地暴露你的數位資料，那就是越來越多的損失。

這種隱私的失去會明顯地導致操縱、控制及限制你的自由。因為任
何人瞭解一個人的這麼多資訊時，可以很容易地控制並操縱那個人，而
這已經在進行中了。

操縱的目標首先是你的消費：例如廣告變得越來越完美地為消費者
量身訂做。通常也有人試圖操縱你的態度（關鍵字：假新聞）。你也會
很容易地被置於壓力或迫害之下。

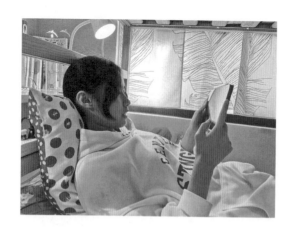

　　如果保險公司、雇主和銀行等，因為數位資料評估的結果而不再以公正的態度做出反應，你和你子女在未來的可能性會受到限制，例如：某些事業（如保險）可能只有在附加條件下才會被授予，或者工作申請會因不明理由被拒絕，或者信用卡或航空旅行被拒絕等。所有這些都會嚴重地限制個人的自由和行動的機會。網路／智慧型手機將不僅只是理想數位資料的傳輸設備，也是理想的偵察裝置，但也是監視、控制和操縱個人的手段。關於這件事，彼得・亨辛格（Peter Hensinger）25 寫道：

　　「以前用於監控他人的數據資料，只有在牽涉犯罪行為的情況下才能允許使用，現在則是由每個智慧型手機用戶在自願的基礎下提供，這事是新鮮的。這是一個自由的陷阱……它比奧威爾（Orwell）的《1984》更搶鏡頭。奧地利聯邦勞工協會在一令人沮喪的研究26 中寫到了這一點：

　　『所描述的發展和實踐清楚地表明，一種監視的社會已經成為事實，人們在其中不斷地在個人的數位資料基礎上被分級和分類。』」

保護好自己和子女以免失去隱私

　　在日常生活中，大多數人很少會對陌生人透露他們的私人生活。在網路上，這件事並沒有完全避免。最重要的預防措施是（如果可能的話），對私人資訊封鎖或限制存取，或者不輕率地分享或發布個人資訊（姓氏、名字、地址、朋友、家庭情況、私人照片等）。個人資訊越不易獲得，沒有經驗的用戶就越不易於成為「目標」。兒童和青少年首先必須學習並理解為什麼保護自己隱私如此重要，特別是這件事可以如何落實。

　　提醒：在網路上使用 WhatsApp、Facebook 或其他服務的兒童一般都不應該使用自己的名字，他們應該使用編造的名字（筆名）。13 歲以下的兒童不應被允許使用例如 WhatsApp 和 Facebook 等（見第六章第二節結尾）。

有了智慧型手機和許多網路連線服務，我們可以自己限定界限、決定願意提供哪些數位資料，相關的設置通常可以在用戶的配置文件中進行。年輕的用戶應該非常節制個人資訊並讓家長協助他們。

　　社群網路有很好的記憶力！一旦照片被公開了，就很難控制它們的傳播，而且它們不會真正地被刪除，因為被刪除的圖像／內容仍然可以在另一個地方以副本的形式存在——兒童和青少年應該在公開任何東西之前思考這件事！其他的數位資料，比如地址或偏好，也不容易被網路遺忘。

　　根本上，這意味著：子女越少提供個人資訊，使用上就越安全。因此，只提供真正必要的數位資料！

　　請與你的子女和青少年一起研制媒體使用規則，結合有關典型的危險和問題的全面性解釋，特別是在網路上發布或傳播圖像或影音的解釋。請對兒童和青少年清楚表明，圖像或影音一旦在網上發布，就會迅速傳播且無法收回或簡單地刪除——這極有可能會帶來許多負面後果。

- 在下載免費應用程式之前，先決定你的子女是否真的需要它。
- 如果能得到一個不會在你智慧型手機、個人電腦或平板電腦上偵察個人數位資料的應用程式，那就稍微投資一點金錢吧。
- 當使用網際網路時，請使用從可靠供應商來的虛擬專用網路（Virtual Private Network, VPN）軟體，它可以使個資匿名，特別是在使用公共的 Wi-Fi 網路時。
- 請利用各種在網際網路和書籍上關於如何保護隱私的指示。（例如 YouthSpark——青少年的網路連線安全定位：www.microsoft.com/en-us/digital-skills/online-safety?activetab=protect-whats-important % 3apri-maryr3，以及「建議閱讀」第七章第三節之書目。）

測試你保護自己個資的能力如何 [28]

當你或你子女都勾選了最右邊的方格時，那麼你們就已經踏出保護隱私的第一步了。

	不是	偶爾是	通常是	是
1. 我的智慧型手機螢幕鎖一直都是啟動狀態。	☐	☐	☐	☐
2. 我的螢幕鎖有一組隨機的數字組合。	☐	☐	☐	☐
3. 我知道在公共區域網中任何人都可以看到我的活動。	☐	☐	☐	☐
4. 我總是在我的網路瀏覽器的「設置」中將「保存我的密碼」設置為「關閉」。	☐	☐	☐	☐
5. 在網路瀏覽器的「網站設置」中，我把智慧型手機的「位置」設置為「封鎖」。	☐	☐	☐	☐
6. 我在網路瀏覽器的「網站設置」中設定「相機或麥克風」為「先問我」。	☐	☐	☐	☐
7. 我知道「WhatsApp」保存了我的電話號碼和其他通訊科技數位資料（時間、收件人、通訊錄內容……），並將其提供給 Facebook。	☐	☐	☐	☐
8. 當安裝應用程式時，我總是在接受及安裝應用程式前首先閱讀「協議書」。	☐	☐	☐	☐
9. 如果我不知道協議書的含義，我會拒絕安裝應用程式。	☐	☐	☐	☐
10. 如果我知道圖像、影音、位元組位址、訊息或位址數據都會被保存且繼續傳遞，我就會拒絕安裝應用程式。	☐	☐	☐	☐
11. 我總是為自己的應用程式和智慧型手機安裝最新的升級，並檢查更改的內容。	☐	☐	☐	☐
12. 我知道從 Google 商店或從第三方供應商下載及安裝應用程式的風險。	☐	☐	☐	☐
13. 我知道在網路上沒有什麼會被「遺忘」。這意味著例如圖像、影音或文本，確定永遠都不會被刪除。	☐	☐	☐	☐
14. 我知道我（未來）的雇主可以查看我放在網路上的圖像、影音和文本。	☐	☐	☐	☐

風險：「色情簡訊」

當年輕女孩（在壓力下或自願地）發送自己私人的照片甚或裸照，例如：給他們的男友，甚或在網上發布（所謂的色情照片或色情簡訊），特別危險的情況就產生了。不用智慧型手機拍這種照片是最安全的，因為有些應用程式甚至可以在沒有人覺察的情況下取得這些照片。如果拍了這種照片，不應該將照片發給任何人，甚至連最好的朋友也不應該，因為如果友誼破裂或者朋友變成敵人，那些留存在他人通訊設備中的照片或影音會發生什麼事？一旦照片被發送，我們就不再能控制它們進一步的使用（即便是在照片會於短時間後被刪除的 SnapChat 中也不能，因為在刪除之前可以複製或截圖）。通常，照片會在很短的時間內在網路上散播，並經常引發曝光、羞辱甚至勒索。通常那些都是毀謗性的。

去控告散播這些影像的人是有可能的，即便是同班和同校同學也可能被追究責任，並受到法律懲罰（見本章第四節關於不同國家的刑事責任年齡）。許多可受懲罰的罪通常都是以這種方式犯下的。在英國，任何未滿 18 歲兒童去拍攝、分享、下載或儲存自己或朋友的露骨照片、影音或訊息都是違法的〔見英國防止虐待兒童全國協會網站（National Society for the Prevention of Cruelty to Children, NSPCC）：www.nspc.org.uk/preventing-abuse/keeping-children-safe/sexting〕。在美國，特定的法律取決於你所在的州。一般而言，發送或接收裸照都是違法的（見各州法規一覽表：www.screenagersmovie.com/tech-talk-tuesdays/teen-sexting-what-are-the-laws?rq=sexting；或 https://cyberbullying.org/sexting-laws）。大多數國家都有類似，但略有不同的法規。許多國家制定了針對 18 歲以下未成年人的色情簡訊的專門法規，以防止犯罪行為（除非是累犯或更嚴重的犯行）成為終身紀錄，並強調對兒童、學校和家長的教育。

搜尋關鍵字「色情簡訊」會得到許多資訊和幫助,也有適用於你所在地區的特定法律。

風險:「和陌生人聊天」

進一步的風險存在於與陌生人接觸的互動,這些陌生人(大多使用化名)最初獲得了孩子的信任,然後引誘或迫使他們陷入在沒有成人幫助下無法承受的後果或輕易擺脫的行為。

請向你的子女解釋這些事情和風險!大多數的建言都強調:不是要讓你的子女心生恐懼而認為「陌生人等於危險」,而是要讓他們覺察到在真實生活中的朋友和網路虛擬朋友之間的差異,以及在與網路虛擬陌生人交換任何資訊時必要有的預防措施。

- 請見常識媒體(Common Sense Media)網站:*每位家長都應該知道的關於網路掠奪者的事實*(www.commonsensemedia.org/articles/the-facts-about-online-predators-every-parent-should-know)。
- 請見伊莉莎白・基爾比博士(Dr. Elizabeth Kilbey)的《不插電教養》(*Unplugged Parenting*)第 7 章「網路連線風險及兒童的安全保護」。
- 或請搜索關鍵字「online predators」。

幫助預防並排解兒童性侵

- 兒童剝削和網路連線保護命令:www.ceop.police.uk/safety-centre,提供資訊及舉報網路連線性侵。(英國)
- NSPCC 兒童服務:www.nspcc.org.uk/preventing-abuse/our-services/childrens-services,他們提供聯繫幫助熱線,包括專門為 18 歲以下兒少設立的兒童求助熱線(Childline)。(英國)
- 安全網路連線(Get Safe Online):www.getsafeonline.org/safeguarding-children,提供所有領域的網路連線安全資訊和建議,包括保護

兒童。提供更進一步的網路連線和求助熱線的號碼。（英國）

- 兒童求助熱線（Childline）：www.childline.org.uk/info-advice/bul-lying-abuse-safety/online-mobile-safety，提供建議和求助熱線。（英國）

- 網路觀察基金會（Internet Watch Foundation）：www.iwf.org.uk，可以匿名，並保密舉報兒童性侵內容和非攝影的兒童性侵圖像。（英國）

- 網路安全（Netsafe）：www.netsafe.org.nz，紐西蘭所提供的一般性網路連線安全的網站，同時也提供許多包括網路跟蹤和網路連線性騷擾等跨主題領域的寶貴資訊。他們提供求助熱線每週7天免費及保密的協助。

- 搜索關鍵字「防止兒童性侵」或「兒童保護建議」以取得在你國家／地區的幫助網站和聯繫人。

第四節　網路霸凌和網路騷擾

網路霸凌

隨著通訊科技的數位形式或社群網路，公開或秘密地去拍攝人們的影像或影音片段並將之傳播，或去羞辱人，散布有關他們的謠言，去恐嚇他們等，都是容易的。所謂的網路霸凌在學校裡明顯增加。男孩和女孩都深受此影響（約28%至33%）。霸凌可以是各種暴力形式（大多是難以捉摸的），例如，在一段長時間內以對人進行社會孤立為目的，對人進行揭發、誹謗、嘲笑等，在其他方面亦同。

如果可見的攻擊和肢體暴力就發生在人們的面前，那麼人們就會開始論及（網路）霸凌。然而，在可見的暴力攻擊和霸凌這兩種形式之間並沒有明確的區別。

霸凌在網際網路上已呈現出一種遠超過過去任何已知的數量和範圍規模：根據德國聯邦數位經濟協會的一項調查，在所有18至24歲的年輕人中，有97%認為網路霸凌在該年齡層裡是一個嚴重的問題。[29]

法律上的考量和後果（請同時參閱第八章）：

- 在許多國家，偷偷地對人拍照、攝影或錄音及這類紀錄的傳播是犯罪行為，德國刑法第201a條對於透過拍照侵犯個人隱私規定了懲罰〔譯注：中華民國刑法第315條之1——窺視竊聽竊錄罪〕。對於未經授權錄製和／或散布圖像或電影片段，特別是在受保護的空間，其本身即可處一年以下有期徒刑或罰鍰。教室不是此類受保護的空間，但更衣室或廁所就是了。
- 肖像也只可能根據著作權法，隨著受繪畫者的同意而散布或公開展示。其違規行為在德國與德國刑法第201條的判決相同。
- 以拳頭打和用腳踢，也都屬於刑事犯罪，因為它們會造成肢體傷害。錄影或拍攝這種事件，以及在其後將之展示或散布，即使你沒有涉及暴力，也是要接受懲罰的，因為這種照片的散布會對受害者造成相當程度的蒙羞和傷害。
- 從網路下載含暴力或色情的照片或影音並散布，也是犯罪行為。這類犯罪可處監禁或罰款，且警方可沒收手機。

從根本上說，我們需要將刑事責任比許多人所領悟到的年紀更早的事實納入考量，而且在不同國家的認定各不相同。在德國，兒童一滿14歲就屆齡了；在英國、澳洲和紐西蘭，10 歲就已經是了。在美國，聯邦犯罪是 11 歲；在州的層級，有 33 個州沒有設定最低年齡。然而，當未滿 18 歲時，一般而言，案件都是在少年法庭中審理；少年不法行為的重點不在處罰，而在教養。首要的，應該將專注力放在教育和支持上。

你能做什麼？

在 Childline 和其他網站上（請見本節列出的連結），你可以找到許多關於如何保護自己免受網路霸凌，或去幫助其他正在經歷網路霸凌的人的提醒和建議，包括：

- 查明在你的家人中是否有人正在經歷網路霸凌，請與這個人對話並努力幫助他。

- 如果你的子女受到網路霸凌的影響，提醒他們不要直接回應帶有羞辱、妥協或威脅的電子郵件或簡訊等，而是應該先保存並儲存證據（圖像或數位資料）。
- 防止錄音（圖像、影音等）被進一步散布；請確保它們被刪除了。要在網路伺服器上安排固定的「刪除」排程。
- 在嚴重的情況下，你應該向警方通報此事，因為網路霸凌可能進一步構成刑事犯罪。
- 如果你想向警方報案，請記錄霸凌過程以完成報案；例如：蒐集照片、影音、羞辱、強制或威脅，可視情況而定，螢幕截圖或聊天對話的錄音。
- 對社群媒體供應商通報在社群網站上的霸凌行為，因為他們可以封鎖作惡者的帳戶。
- 透過良好的防毒軟體保護措施，保護你個人的數據資料免受木馬（Trojans）和間諜軟體（Spyware）等的侵害，因為霸凌行為通常是利用盜取的身分而進行的。

更多的資訊和建議

英國的網路求助熱線：www.thecyberhelpline.com/guides/online-harass-ment，以求助諮詢熱線提供資訊。

英國的兒童求助熱線：www.childline.org.uk/info-advice/bullying-abuse-safety/types-bullying/online-bullying，提供資訊和求助諮詢熱線。

美國的1,800名受害者組織：1800victims.org/crime-type/cyber-bullying。

美國的網路霸凌熱線：cyberbullyhotline.com。

美國的霸凌制止：www.stopbullying.gov/cyberbullying/how-to-report，提供協助如何報案。

www.cybersmile.org/advice-help/category/who-to-call。在不同國家，包括英國、美國、加拿大、澳洲的電話號碼撥打清單。

www.screenagersmovie.com/antibullying-campaigns。提供以美國為基地的反霸凌運動的組織、網站及活動清單。

請使用關鍵字「網路霸凌」（help for online bullying）搜索更多你所在國家的幫助選項。〔譯注：例如在台灣可以聯繫：內政部警政署刑事警察局；iWIN 網路內容防護機構（Institute of Watch Internet Network）：https://i.win.org.tw/；或直接撥打申訴專線電話：02-89315185；或申訴電子郵件信箱：watch@win.org.tw。〕

第五節　青少年不宜的網站

網路上令人震驚的內容意味著更深一層的威脅，如果你的子女（經常不由自主地）與之面對，例如：這樣的圖像可能透過社群媒體網路的分享功能，或者學校朋友分享他們發現的內容，或是突然出現在某人的簡介中。網路上存在著許多年輕人不宜的網站，首先是色情網站，其次是暴力描繪、宣傳自我傷害的廣告（如厭食症、暴食症）和宗教狂熱等。

沒有規範地進入這種網站，對兒童和青少年的心理風險是巨大且不容小覷的，正如以下例證顯示：

性的表現──色情製品

　　「在 16 至 19 歲的所有男青少年中，有三分之二的人每天或每週消費色情製品，有五分之一的人每天觀看色情製品（！）（Pastötter et al., 2008）。11 到 13 歲，幾乎已有一半的兒童看過色情圖像或影片，至於 17 歲的情況，已有 93%的男孩和 80%的女孩都看過了。」〔薩莫博士研究（Dr. Sommer Study）[35]〕德國的媒體成癮回報協會（The Return Institute for Media Addiction in Germany /Fachstelle Mediensucht Return）報導如下：

　　「色情製品不是無害的。……許多研究顯示：色情製品的消費危害了人擁有情愛關係的能力、助長了性暴力，而且可能會使人非常入迷。兒童和青少年需要幫助才能看穿消費色情製品的影響，並對其發展出有見地的態度。」

　　色情製品也經常導致焦慮及對愛情和性行為的錯誤期望。在未成年兒童中的性侵犯正在增加。長期的研究證實：當青少年消費色情製品的頻率越高，他們就越是將性行為與人際關係的脈絡分開，並認為隨意的性行為是常態。青少年保護法和過濾軟體很重要，但對於預防工作還不足夠。在本書末的「建議閱讀」中可以找到更多資訊。

暴力描繪

待在螢幕前 12,000 小時。德國「一般兒童」在 15 歲就到達這個數字了。根據估計，這相當於，兒童看了幾乎 10,000 件謀殺案和 100,000件暴力行為。儘管如此，大多數青少年的行為並不表現暴力。尤其是網際網路上充斥著暴力的描繪：毆打的影音、恐怖影片的一系列鏡頭、殘酷的廣告預告片、災難的事故、酷刑甚或處決等。根據 2009 年的格林（Grimm）研究「網路暴力 2.0」，四分之一的青少年已經在網際網路上看過暴力了 [32]。

因電腦射擊遊戲而引發殺人狂潮，像這樣的新聞頭條會如何呢？有許多保護青少年免於狂暴行為的因素。慈愛的家長、好朋友、冷靜的性情等都是。然而，也有很多助長暴力的因素。有問題的朋友圈、家庭的暴力或學校的壓力等，媒體暴力成為一種追加的影響。

暴力描繪的影響：崩解的同理心

　　暴力的描繪在兒童和青少年身上造成了長期的印象：他們震驚，經歷反感、焦慮和不確定感，這些圖像甚至可能引發創傷。「尤其成為問題的是，有超過40%的青少年都見過這種真實而逼真的暴力描繪。這些描繪很危險，因為它們對兒童和青少年的影響遠大於對成人的影響。」

暴力在頭部嗎？——沒那麼簡單！

格林的研究還進一步發現：「在所有群組中，青少年對犯罪者和所描繪的行為，以及對拍攝這些東西並在網路上傳播的那些人表示憤怒和不理解。然而對於相關內容的使用（尤其是他們對於自己所使用、所被提供的內容），明辨的態度只在少數情況下才會表達出來，而對於作惡者和活躍於製作的人，則特別受到他們的譴責。」

　　同理心在很大程度上是被反覆地觀看暴力而削弱的。感同身受的能力下降了。就像在電腦遊戲甚或在網路遊戲中的情況一樣，如果我們能夠在事件中介入，這甚至能更提升影響——天生殺戮的抑制力減弱了。如果暴力行為是一輛汽車，那麼我們會說：媒體暴力不是把頂級汽油加入油箱，而是在破壞煞車系統。

　　當心：不是每部或每個標示「6 歲以上」的電影或遊戲都適合 6 歲兒童。專家提醒：電影業自願自律（FSK）／娛樂軟體自律（USK）都要加 3 歲（見第五章第三節和第六章第二節）。

　　暴力表現對兒童和青少年心理影響的模式，可以在研究資訊豐富的〈媒體暴力對青少年的影響〉（The Influence of Media Violence on Youth）中閱讀到更多的細節（Anderson, C.A. et al., Psychological Science in the Public Interest, 2003: journals.sagepub.com/doi/10.1111/j.1529-1006.2003.pspi_1433.x）。

自我傷害

　　在網際網路上，有許多傳播並經常誇讚自我傷害和自我毀滅行為的網站。青少年被輕率地認定例如有神經性厭食症或心因性暴食症，他們處於危險之中，因而在網路上尋求幫助，然而竟得到所謂的支持厭食或支持暴食的網站提示他們如何繼續下去。在德國，有提供通報支援厭食或支援暴食網頁的網站（如：www.internet-beschwerdestelle.de）。從網路危害的觀點，有蒙受這類情況之苦的人在網路中搜索求取自助時應該

要格外小心。這種精神上的疾病需要緊急的協助。以下參考資料來自信譽良好的組織，並附有求助熱線號碼。重要的下一步是，去看健康專業的人士。

- 有關自我傷害的資訊和求助熱線，請上英國的 NSPCC 網站：www.nspcc.org.uk/preventing-abuse/keeping-children-safe/self-harm
- 有關飲食障礙的資訊和求助熱線，請上英國的國民保健署（National Health Service, NHS）網站 ：www.nhs.uk/conditions/eating-disorders
- 美國的全國性飲食障礙協會：www.nationaleatingdisorders.org/help-support
- 美國的精神健康網站提供飲食障礙資訊：www.mentalhealthamerica.net/conditions/eating-disorders
- 美國的精神健康網站提供自我傷害資訊：www.mentalhealthamerica.net/self-injury
- 紐西蘭的飲食障礙協會，提供支持、教育和意識：www.ed.org.nz
- 澳洲的飲食障礙網站，提供支持及身體形象議題資訊：thebutter-flyfoundation.org.au
- 台灣衛生福利部國民保健署有許多健康飲食的資訊：https://www.hpa.gov.tw/Home/Index.aspx

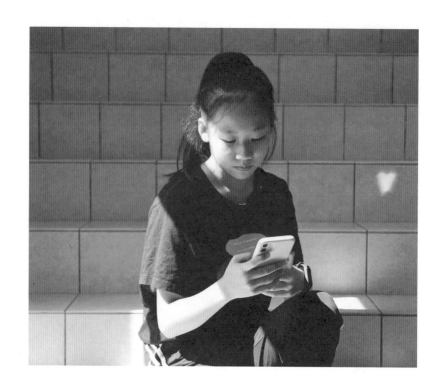

還有什麼你能做的……

　　如同第六章第五節中所述，科技保護措施本身並不總是足以保護兒童和青少年免受對年輕人有害的內容。

　　最重要的是良好的信任關係，這樣，當你的子女在網際網路上遇到犯罪經歷時，他可以向你求助。

　　鼓勵你的子女，如果在網際網路上看到不適合年輕人的網站時，請務必要通知你或學校的老師。請向他們保證，假設，就算他們已經看了像這樣的網站，或者也吸引了其他人看了，他們也不會受到懲罰。

請向你的子女展示政治宣傳是如何運作的，以及他們如何可能經由這類宣傳而使自己蒙受哪些危險。兒童很容易受騙，而且經常不加明辨地相信網路描繪的訊息。請向他們解釋我們在民主制度中享有多面向自由的含義，以及這些自由並不是永遠都能得到保障。

第八章
網際網路與法律
給家長的資訊

第一節　資訊自決權
第二節　網際網路刑法與青少年保護法
第三節　著作權法
第四節　網際網路上的購買協議與責任
第五節　家長對於例如 WhatsApp 的法律責任

隨著判斷能力的提升，青少年對於為什麼某些行為會產生法律後果需要有精確的解釋。青少年學習駕駛，這樣他們就可以在 17 歲，或居住國適用的任何年齡時獲得駕駛執照，他們顯然熟悉了道路交通法。網路也有這種管制的法律：有環繞著個人權利，有對自身肖像權、著作權法及刑法等一般法律。

但是很少有人知道，簡單的點擊滑鼠會產生什麼樣的後果，以及如何去解脫不再想購買的協定。而在社群媒體中，圖像的散布完全沒有考量當事者的利益。

具體適用的法律，從國家到國家各不相同，而在某些情況下，在同一個國家內從州到州也有所不同。在美國，例如：霸凌和網路霸凌的法律和政策，從州到州，就廣度和深度上也都不盡相同。2010 年，美國教育部在各州有關霸凌的法律中制定了一個含有 13 個組成的架構，每州都有不同的組合和重點（見 www.stopbullying.gov/laws）〔譯注：中華民國網路霸凌的法律責任，請瀏覽教育部全民資安素養網：isafe.moe.edu.tw/article/2015? user_type=4&topic=6〕。

如前章所述，與數位媒體威脅相關的法律和政策都同時在不斷變化和補充以因應新的關切和活動。舉例說明：英國政府在網際網路安全對策上，於 2017 年發行了一份諮詢性的綠皮書，然後，期待著新法令以推行正如文化大臣馬特・漢考克（Matt Hancock）所述的「應對網際網路的狂野西部」；2018 年 5 月，又發行了一份更進一步的政府回應。到目前為止，英國與美國相似，對於許多網路安全領域的規範制度仍更多依賴於企業的施行法規，但大眾越來越認為這些法規還做得遠遠不夠。

2019 年 1 月，英國議會聯盟委員會（All Party Parliamentary Committee, APPC）針對社群媒體及年輕人的健康與福祉發表了一份報告，

其中概述了四項行動建議：

1. 全面性數位教育。
2. 制定民眾指導方針。
3. 確立法定的照顧義務和行為準則。有 80%的民眾在 APPC 委辦的一項
   民意調查中，主張對社群媒體公司實施更嚴格的監督管理。
4. 成立新的機構以資助研究、教育性倡議，並創建更明確的民眾指南。

我們希望隨著這本書，讀者不只是等著看未來數年的發展，而是從更多見聞的角度，也可能去推動幫助影響採取行動的歷程，無論是在國家層級制定的法律，或是在你子女就讀學校所採用的政策，他們在兒童的不同年齡階段將發展需求納入考量。

這可以透過寫信給各方人士、分享像這樣的書籍，加入遊說團體等。例如：實用人智學歐洲倡議聯盟（European Alliance of Initiatives for Applied Anthroposophy, ELIANT）小組在影響歐盟對學校數位教育的立法以反映兒童發展的方面發揮了重要作用。

隨著共同努力去形塑未來行動的方針是有可能的，讓他們把重點放在兒童的健康和福祉上，而不是放在企業的利潤和利益上，並讓他們在仍然有問題的地方採取預防措施。

雖然上述內容，一方面說明了有關網際網路的法律變化之景象及以書籍或網站給予概觀的困難，儘管如此，對於目前法律的立場有一簡要的說明，那是很有啟發性的，為此，我們選擇了德國，即此書最初的出版之地，作為歐盟國家的代表。雖然每個國家的概況各不相同，但有許多因素卻適用於大多數國家。某些歐盟方針已協助整合了全部歐洲的法律，例如：一般數位資料保護規則（General Data Protection Regulation, GDPR），即使總部設在美國的 Google 和 Facebook 等網路公司，為了在歐洲國家營運，也必須遵循 GDPR 規則。加之，在一個區域制定的法律往往成為其他國家的榜樣。希望以下更詳細的德國法律的討論，將

成為讀者更加熟悉應用於他們自身地區的法律和準則的動能。在前幾章的連結與建議閱讀，已為協助這項研究提供了指標。

以下，本章第一節至第四節的文本來自德語原版，且是由德國的律師斯特凡・費諾爾（Stefan Feinauer）的慷慨提供。我們也增加了一些源自英文的參考提示，以及中華民國的參考提示。

第一節　資訊自決權

個人資料的保護（例如：電子郵件地址、手機號碼）以及自己的肖像權本身並不是目的，而是人格權（德國基本法第 2 條第 1 款 A，和第 1 條第 1 款 B）的一般法律之要件部分。由此，個人資訊自決權的法令才延伸出來：這是由本人執掌決定什麼時候以及在何種脈絡中才分享個人生活紀錄的法令。

「個人資料」的法律定義，可在德國聯邦數據保護法（BDSG）第 3 條中找到。「個人資料」是所謂的個人或相關個人情況的資料，或相關特定的人或可確定的人的資料。這些可以是書面紀錄，但也可以是照片、影音或錄音。如果某人使用了這類未經授權的個人資料，換句話說，未經受影響人的允許（BDSG第 4a 條），即是該受懲罰的（BDSG第 43 條為罰款規定、第 44 條為針對控制者或處理者的訴訟）。受影響者不必容忍未經允許而使用其資料，但除了其他選項，還可要求刪除非

A 譯注：德國基本法 Art. 2 Abs. 1，第 2 條　一、人人於不侵害他人之權利或不牴觸憲政秩序或道德規範（Sittengesetz）之範圍內，享有自由發展其人格之權利。

B 譯注：德國基本法 1 Abs. 1 GG，第 1 條　一、人之尊嚴不可侵犯，尊重及保護此項尊嚴為所有國家權力之義務。

法儲存的資料〔譯注：中華民國請見全國法規資料庫，個人資料保護法施行細則：law.moj.gov.tw/LawClass/LawAll.aspx?PCode=I0050022〕。

個人資料——未來的原始素材？

更重要的，並要一再強調的是，每次上網瀏覽都會留下蹤跡。「個人資料」被描述為未來的原始素材並非沒有緣由，因為即使有人認為「自己其實沒什麼好隱瞞的」，但你的個人資料對於第三方，價值可能仍是高的。這方面的事例是使用個人資料與資訊的圖利交易或數據濫用。數據濫用的事例是身分盜竊。最好的情況是你可能有責任為別人訂購的物件付費，最壞的情況是你可能會受到政府不合理的監視措施。這就是為什麼即使是準備監視和攔截數據也相當於刑事犯罪（德國刑法第202c條，是針對準備窺探和攔截數據的刑法）。

在這個脈絡中，特別有必要再次指出保護 Wi-Fi 連結的重要性，根據目前的法律狀態，即使如果第三方（例如訪客或朋友）非法地下載音樂、影片或遊戲，用戶不再自動承擔責任了。在德國，可參考以下連結：www.klicksafe.de/themen/rechtsfragen-im-netz 及 www.irights.info。

第二節　網際網路刑法與青少年保護法

當今，在網路上找到大量的資訊是可能的。然而，一個論點是否已被發表，或者事實上正在被討論著，並不總是可能區分。憲法尊重言論自由有很高的價值（德國基本法第 5 條第 1 款）。〔譯注：中華民國憲法第 11 條：「人民有言論、講學、著作及出版之自由」。〕然而，這種權利並不是無限的。我們必須在名譽保護與法治的言論自由權利之間尊重相互的關係。因此在網際網路上散布仇恨或暴力宣傳，不僅侵犯公眾利益，也侵犯個人權利，因而構成刑事犯罪（德國刑事法第 130 條，是煽動仇恨或暴力的刑法）。

一般而言，對於網際網路沒有例外的條例，「真實生活」的法律在此也適用。這點在相關條例的各個方面，立法委員是很明確的。

德國刑法如第 184d 條規定：「透過無線電、媒體或電視服務散布色情影像」的人，根據德國刑法第 184 條至第 184c 條（在色情材料散布上）亦應予以處罰。

青少年保護法

此外，立法院為保護兒童和青少年免受網路上暴力影像和色情內容的侵害，也制定了青少年保護法和青少年媒體保護條約。透過社群網路不斷地發送連鎖信件，威脅收件人如果不將此訊息轉發給朋友和熟人，災難將降臨於他。轉發這類訊息可被視為應該受到罰則的脅迫行為。

第三節　著作權法

　　著作權法保護具有藝術性或原創性表達形式的藝術作品或科學作品。著作權保護法從作品的創作中延伸而來，且獨立於註冊之外。這可以涉及像照片、文本或音樂和電影數據等作品。我們可因自己的「個人使用」而複製有著作權保護的資料，然而只限於不違反任何著作權措施，且複製品不可具有任何「營利動機」。此外，作品（例如音樂影音）必須是合法製作及出版的。

上傳和下載

　　如果這類作品在網路上是免費提供的，那麼身為用戶，我們必須確保它們是「自動地」無著作權。當下載音樂檔案，如有疑問時，應該向

分別不同的音樂演出和作品複製權協會（Performing Rights Organisation, PRO）諮詢，在德國是GEMA（英文請參見維基百科，以獲取全球PRO表列：en.wikipedia.org/wiki/List_of_copyright_collection_societies）〔譯注：中華民國可諮詢社團法人台灣音樂著作權集體管理協會：http://www.tmca.tw/Home/About〕。免費提供的電影串流服務通常是非法的。如果你上傳一段電視劇的剪輯至YouTube上，你就違反著作權法了，而且可能受到刑事處罰（德國著作權法從第106條起）。如果繞過 DVD或其他內容的複製保護，這條法律（德國著作權法第95a條著作權及相關權法）則更加適用〔譯注：中華民國可分別查詢經濟部智慧財產局著作權法；或參閱全國工業總會之數位串流服務與著作權保護，及全國法規資料庫之著作權法等〕。

人格權

此外，「藝術著作權法」也保護特定的人格權，例如：個人肖像權。每個人都有憲法賦予的權利去決定他是否被拍照，以及這些照片如何在公共場合中發布。在網路上發布從 disco 舞會中拍攝的照片，只有在受拍攝者同意之下才能發布。個人生活是特別受到保護的：如果有人未經授權而拍攝了某人在家裡的照片並將其發布，即是侵犯了被拍攝者的高度隱私領域，根據德國刑法第201a 條〔譯注：或中華民國民法第18、184、194、195 條〕，該拍攝者是有罪的。

連結相關有用的著作權法

在德國，對家長最重要的相關著作權法資訊可在 www.t1p.de/8bd7下的 www.internet-abc.de 網頁中找到。

增補英文版參考資料

以下的英國網頁有非常豐富的資料訊息：www.copyrightservice.co.
uk；www.copyrightservice.co.uk/copyright/copyright_myths

在美國，請瀏覽：www.copyright.gov/help/faq

根據國際協議，在一個國家的著作權材料可能在其他國家受到保
護。請參見 www.copyright.gov/circs/circ38a.pdf

兒童百科全書為兒童提供簡化的解釋：kids.kiddle.co/Copyright

增補中文版的參考資料

法源法律網：https://www.lawbank.com.tw/

中小學網路素養與認知，網路法律：https://eteacher.edu.tw/Archive.
aspx? id=284

教育部全民資安素養網：isafe.moe.edu.tw/article/2015?user_type=4&
topic=6

第四節　網際網路上的購買協議與責任

大多數青少年下載了音樂數據，或購買了服飾和其他物品，或參加
了網路拍賣，但很少有人覺察是否有合約，以及如何產生購買的合約。
如前所述，簡單的滑鼠點擊就足夠了。

7 至 17 歲的未成年兒童在法律上的能力有限（德國民法第 106 條）
〔譯注：中華民國民法第 1086 條〕。如果他們想簽訂（購買）合約，
他們需要得到家長的許可。

然而，如果未成年兒童用自己的零用錢購買物件（所謂的零用錢條款，德國民法第 110 條），則契約從一開始就有效，因為零用錢的分配被視為家長的默許。

　　如果青少年在網際網路上訂立了此類契約，特別的條款適用於保護消費者（德國民法第 312 c 條起，撤銷權）。人們可以透過行使撤銷權而解除購買。根據該法條的規定，這樣做不需要任何理由。

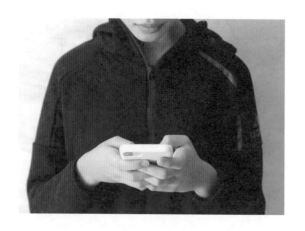

　　如果青少年想成為賣家，則需要徵得家長的同意。如果青少年出於商業目的而安裝網路首頁，也需要獲得家長同意。在德國，無論如何，

都必須遵守電信媒體法（Telemediengesetz, TMG）中包含的責任風險。作為網路首頁管理員的青少年因此成為了「服務提供者」，因而應對自己和涉外的內容承擔責任。如果在網路首頁上有評論功能或者其內容有連結，那麼青少年也應對第三方的內容負責。

相對的，如果青少年在社群網路、網路論壇或部落格上發表聲明或評論，也需要謹慎。因為，透過電信媒體法第 7 條，一般的法律再次適用於，例如：德國的刑法、民法，而且也適用聯邦數據保護法和憲法。如果部落格管理員對違法內容一無所知，他也就不用為此承擔責任，那就仍然是發表相關聲明的青少年負責任。

第五節　家長對於例如 WhatsApp 的法律責任

2017 年 5 月 15 日，在巴德・赫斯菲爾德（Bad Hersfeld）的地方法院制定了家長準則和職責，規範家長允許未成年子女使用智慧型手機或 WhatsApp 的情形（見 www.t1p.de/bkqx）。因此，「在未成年子女使用數位『智慧』媒體（智慧型手機、平板電腦、應用程式、即時通訊服務）時，家長有基本的提供監督、管控和避免危險的職責，以及在家庭裡明確媒體使用協定等。」

很明確地，以下的準則是在議決中制定的：

1. 「如果家長提供未成年子女持續性個別使用數位『智慧』設備（如智慧型手機），家長就有義務適當地監督該設備的使用，直到子女成熟為止。

2. 如果家長本身對『智慧型』科技和數位媒體的世界沒有足夠的知識，那麼他們就必須直接且持續地取得必要的知識，以便他們妥善地履行監視和督導的職責。

3. 在就寢時把智慧型手機留給子女是沒有道理的。

4. 如果子女或家長在媒體使用上有重大不當行為，並存在有媒體成癮的危險，則親子制定一份關於媒體使用的協議是有必要的。

5. 任何按照服務技術規範使用即時通訊 WhatsApp 的人，都是不斷地以清晰的數據形式，將自己輸入在智慧型手機通訊錄中的所有連絡人的數據，傳送給該項服務幕後的公司。

6. 任何因使用 WhatsApp 而沒有事先向自己電話通訊錄裡的人那裡獲得許可，就聽任這種數據持續傳輸的人，對這些關係者而言，即是（應受懲罰的）刑事罪行，因此有瀕臨被警告訴諸法律代價的危險（注：見 www.t1p.de/dma0）。

7. 如果 18 歲以下兒童或青少年使用 WhatsApp 即時通訊服務，身為監護人的家長有義務告知子女有關使用該即時通訊服務所涉及的危險，並為其子女的利害關係採取必要的預防措施。」

在之前的談判案例中，指導原則已因具體的條件而得到補充，在法庭上必須提證這些具體條件，例如：

1. 孩子的母親有義務與兒子 E.簽訂書面的媒體使用協議書……

2. 孩子的母親需要從所有目前儲存在兒子智慧型手機通訊錄中，電話號碼和姓名的人那裡獲得書面許可〔如果有，可以任何形式（筆名、縮寫或名字或姓氏作為明確的數據）〕，而從那裡來的數據，透過 E.所使用的應用程式，即 WhatsApp，被定期地傳輸給在美國加州的 WhatsApp 營運商，在那裡，營運商根據其使用條款可以自由地應用這樣的數據於各種各樣的目的。

3. 孩子的母親有義務定期地（至少每個月一次）與她的兒子 E.討論有關智慧型手機的使用和被儲存在其手機上的通訊錄，同時也親自檢查該智慧型手機及其通訊錄。對於追加至智慧型手機通訊錄上的新人，孩子的母親接著必須立刻按照上述第 2 條的要求進行處理。

4. 如果孩子的母親……對於所有列在兒子智慧手機通訊錄上的人，無法根據第 2 條，提證書面協定的存在，母親就必須暫時地從兒子的智慧手機中刪除 WhatsApp 應用程式，並將之保存於手機之外，直到所有儲存在通訊錄中的人提供證明為止。

5. 孩子的母親被指定在孩子就寢前直接收回智慧型手機，並提供他一個非網路連線運行的鬧鐘。

為確保非相關者的個人數據及隱私都受到保護，而且也不會因子女在使用智慧型手機時的無知或粗心行為而有所危害，法律在此，在其他方面，非常明確地揭示了家長的職責範圍。在智慧型手機和平板電腦上，在應用程式的使用中，逐漸增大的隱私流失是最大的風險。這就是為什麼「超級竊聽設備」這個語詞被用於智慧型手機，或者許多應用程式中，這都是可驗證且合理的。

參考書目

Aiken, Mary (2016), 網路效應──網路心理學先驅解釋了人類行為在網路上的變化（**The Cyber Effect** - A pioneering Cyberpsychologist explains how human behaviour changes online）, John Murray

超黨派議會小組（2018），英國的心理健康（**Mental Health in England**），關於健康童年的超黨派議會小組, royalpa.files.wordpress. com/2018/06/mh_report_june2018.pdf

超黨派議會小組（2019），社群媒體與青年心理健康和福祉（**Social Media and Young People's Mental Health and Wellbeing**），www.rsph.org.uk/uploads/assets/uploaded/8c1612c4-54aa-4b8d-8b61281f19fb6d86.pdf

Alter, Adam (2018), 不可抗拒：成癮技術的興起和讓我們保持著迷的行業（**Irresistible**: The Rise of Addictive Technology and the Business of Keeping Us Hooked）, Penguin

Carr, Nicholas (2010), 淺灘──網路如何改變我們思考、閱讀和記憶的方式（**The Shallows** - how the internet is changing the way we think, read and remember）, Atlantic Books

英國、瑞典和西班牙兒童的幸福：不平等和物質主義的作用（**Children's Well-being in UK, Sweden and Spain:** The Role of Inequality and Materialism）, Ipsos MORI Social Research Institute in Partnership with Dr. Agnes Nairn (2011) agnesnairn.co.uk/policy_reports/child-well-being-report.pdf

Clement, Joe and Miles, Matt (2018), 螢幕教育──兩位資深教師揭露了科技的過度使用如何讓我們的孩子變笨（**Screen Schooled** - two veteran teachers expose how technology overuse is making our kids dumber）, Black Inc.

Dunckley, Victoria L (2015), 重新設定你孩子的大腦──一項為期四週的

計畫，旨在透過翻轉花時間在電子螢幕上的影響，以結束崩潰，提高成績，並提高社會性技能（**Reset Your Child's Brain** - A four-week plan to end meltdowns, raise grades, and boost social skills by reversing the effects of electronic Screen-time），New World Library

Ellyatt, W, 健康與幸福——兒童在 2020 年代的福祉（**Healthy and Happy** - Children's Wellbeing in the 2020s (2017), 拯救童年運動（Save Childhood Movement）available as PDF: www.savechildhood.net/wp-content/uploads/2017/11/Healthy-and-Happy-W-Ellyatt-Full-paper-2017-v2.pdf

Ellyatt, Wendy (2018), 科技與童年的未來，拯救童年運動（**Technology and the Future of Childhood**, Save Childhood Movement），available as PDF: www.savechildhood.net/wp-content/uploads/2017/11/DIGIT-AL-CHILDHOOD-Save-Childhood-Movement-1.pdf

EMF Academy (last update 7 February 2019), **9** 個（附解決方案）日常生活電磁場輻射案例〔**9 Examples of EMF Radiation In Everyday Life (With Solutions)**〕, emfacademy.com/emf-radiation-everyday-life/

Environmental Health Trust (last access March 2019), **10** 個減少手機輻射的建議（**10 Tips To Reduce Cell Phone Radiation**），ehtrust.org/take-action/educate-yourself/10-things-you-can-do-to-reduce-the-cancer-risk-from-cell-phones

經驗建造大腦的結構（**Experiences Build Brain Architecture**），Harvard University Centre on the Developing Child, video youtu.be/VNNsN9IJkws

Freed, Richard (2015), 連線兒童：數位時代的童年教化（**Wired Child**: Reclaiming Childhood in a Digital Age），CreateSpace Independent Publishing Platform

Goodin, Tanya (2017), 關機。數位排毒使你的生活更美好（**OFF.** Your Digital Detox for a Better Life），Ilex Press

Greenfield, Susan (2014), 心智改變──數位技術如何在我們的大腦中留下印記（**Mind Change** - How digital technologies are leaving their mark on our brains）, Random House

Harvey-Zahra, Lou (2016), 快樂的兒女，快樂的家：有意識的教養和具創造性的規範（**Happy Child, Happy Home**: Conscious Parenting and Creative Discipline）, Floris Books

Hensinger, Peter and Wilke, Isabel (2016), 無線通訊技術：新的研究結果證實了非電離輻射的風險（**Wireless communication technologies**: new study findings confirm risks of nonionizing radiation）, 原為德語版雜誌 Umwelt-medizin-gesellschaft 3/2016, available in English as PDF: ehtrust.org/wp-content/uploads/Hensinger-Wilke-2016.pdf

Hill, Katherine (2017), 任由他們自行決定發展？在螢幕世界中自信的教養（**Left to Their Own Devices?** Confident Parenting in a World of Screens）, Muddy Pearl

Hofmann, Janell Burley (2014), **iRules**：每個熱愛科技的家庭都需要知道有關自拍、色情簡訊、遊戲和成長的事（**iRules**: What every tech-healthy family needs to know about selfies, sexting, gaming and growing up）, Rodale Books

House, Richard (2011), 太多、太快？（**Too much, too soon?**）Hawthorn Press

巴西禁止針對兒童廣告的影響（**The Impacts of Banning Advertising Directed at Children in Brazil**）(2017), The Economist Intelligence Unit, available as PDF: agnesnairn.co.uk/policy_reports/eiu-alana-report-web-final.pdf

Kabat-Zinn, Myla and Jon (2014), 每天的祝福：家長的關注（**Everyday Blessings**: Mindfulness for parents）, Piatkus

Kardaras, Nicholas (2017), 發光的孩子：螢幕成癮如何劫持我們的孩子及如何打破恍神狀態（**Glow Kids**: How screen addiction is hijacking our kids, and how to break the trance）, St. martin's Griffin

Kilbey, Elizabeth (2017), 不插電教養：如何在數位時代教養快樂、健康的孩子（**Unplugged Parenting**: How to Raise Happy, Healthy Children in the Digital Age）, Headline Home

Kutscher MD, Martin L (2016), 數位兒童（**Digital Kids**）, Jessica Kingsley Publishers

幼年宣言：把童年放在第一位，拯救童年運動（**Manifesto for the Early Years**: Putting Children First, Save Childhood Movement）, available as PDF: www.savechildhood.net/wp-content/uploads/2016/10/ PUTTING-CHILDREN-FIRST.pdf

Mayo, Ed and Nairn, Agnes (2009), 兒童消費者——有多大的營業正在為賺錢而培訓我們的孩子（**Consumer Kids** - How big business is grooming our children for profit）, Constable

Mueller, Steve (last edit: March 31st, 2017), 無網路 **30** 天——自我實驗（**30 Days without Internet** - a Self-Experiment）, www.planetofsuccess.com/blog/2012/30-days-without-internet-a-self-experiment

Nairn, Agnes, 當免費不再時——商業、兒童和網路（**When Free Isn't** - Business, Children and the Internet）, (2015) European NGO Alliance for Child Safety Online (eNACSO), available as PDF: agnesnairn.co.uk/policy_reports/free-isnt%20_040416Sm%20.pdf

Palmer, Sue (2006), 有毒的童年——現代世界如何傷害我們的孩子，我們可以做些什麼（**Toxic Childhood** - How the modern world is damaging our children and what we can do about it）, Orion

Palmer, Sue (2016), 新貴——提高入學年齡並提供七歲以下兒童真正需要的內容之案例（**Upstart** - The case for raising the school starting age and providing what the under-sevens really need）, Floris Books

Payne, Kim John (2010), 簡單的教養：利用「少」的非凡力量教養更冷靜、更快樂且更安全的孩子（**Simplicity Parenting**: Using the Extraordinary Power of Less to Raise Calmer, Happier and More Secure Kids）, Ballantine Books

Pineault, Nicolas (2017), 電磁場非錫箔指南：如何解決我們愚蠢的技術使用（**The Non-Tinfoil Guide to EMFs**: How to Fix Our Stupid Use of Technology）, CreateSpace Independent Publishing Platform

Price, Catherine (2018), 如何與你的手機分手：30 天計畫讓你的生活重獲自由（**How to Break Up With Your Phone**: The 30-Day Plan to Take Back Your Life）, Trapeze

保護子女免受電磁場輻射——最權威的指南（**Protecting your children from EMF radiation** - The definitive guide）, Emf Academy, emfacademy.com

Roberts, Kevin (2011), 網路成癮者：逃離遊戲和網路陷阱（**Cyber Junkie**: Escape the Gaming and Internet Trap）, Hazelden Trade

Ruston MD, Delaney (2019), 無螢幕區——如何鼓勵更多面對面的時間（**Screen-Free Zones** - How to Encourage More Face to Face Time）, 螢幕族：在數位時代中成長，Tech-Talk-Tuesday blog, www.screenagersmovie.com/tech-talk-tuesdays/screen-free-zones-how-to-encourage-more-face-to-face-time

Ruston MD, Delaney (2019), 青少年色情簡訊——法律是什麼？（**Teen Sexting** - What are the Laws?），Tech-Talk-Tuesday blog on 'Screenagers: Growing up in the Digital Age', www.screenagersmovie.com/tech-talk-tuesdays/teen-sexting-what-are-the-laws

Ruston MD, Delaney (2018), 突破性研究發現在螢幕時間和大腦實際變化間的聯結（**Groundbreaking Study Discovers an Association between Screen Time and Actual Brain Changes**）, Tech-Talk-Tuesday blog on 'Screenagers: Growing up in the Digital Age', www.screenagersmovie.com/tech-talk-tuesdays/groundbreaking-study-discovers-an-association-between-screen-time-and-actual-brain-changes

Schoorel, Edmond (2016), 管理螢幕時間——在數位時代教養平衡的兒童（**Managing Screen Time** - Raising balanced children in the digital age）, Floris Books

七個優先的幼年政策制定事項，拯救童年運動（**Seven Priorities for Early Years Policymaking**, Save Childhood Movement），www.savechildhood.net/wp-content/uploads/2016/10/Seven-Priorities-for-Early-Years-Policymaking.pdf

Sigman, Aric (2019), 為運動而運動──螢幕時間、身體活動和睡眠：新的兒童統整路徑（**A Movement for Movement** - Screen time, physical activity and sleep: a new integrated approach for children），available as PDF: www.api-play.org/wp-content/uploads/sites/4/2019/01/API-Report-A-Movement-for-Movement-A4FINAL- Web.pdf

Sigman, Aric (2011), 無須計算：重遊──《太多、太快？》書中的篇章〈幼教的螢幕技術〉（**Does not Compute: Revisited** - Screen Technology in Early Years Education, chapter in Too Much, Too Soon?），edited by Richard House, Hawthorn Press

Sigman, Aric (2017), 數位原生代的缺點（**The downsides of being digitally native**），Human Givens Journal, Vol 24, no. 2, available as PDF: eliant.eu/fileadmin/user_upload/de/pdf/Sigman.HGJ.2017.pdf

Sigman, Aric (2015), 實用的思維：聯合實用技能基礎課程的好處與機能（**Practically minded**: The benefits and mechanisms associated with a practical skills-based curriculum），available as PDF - www.rmt.org/wp-content/uploads/2018/09/Practically-Minded-2015.pdf

Sigman, Aric (2005), 遠端控制──電視如何破壞我們的生活（**Remotely controlled** - How television is damaging our lives），Vermilion

社群媒體成癮應被視為疾病（**Social media addiction should be seen as a disease**），MPs say, 18 March 2019, The Guardian www.theguardian.com/media/2019/mar/18/social-media-addiction-should-be-seen-as-disease-mps-say

Steiner Adair, Catherine Edd (2014), 大斷網行動：在數位時代保護童年和家庭關係（**The Big Disconnect**: Protecting Childhood and Family Relationships in the Digital Age），Harper Paperbacks

Turkle, Sherry (2015), 重拾對話——數位時代對話的力量（**Reclaiming Conversation** - The Power of Talk in a Digital Age）, Penguin Press

Turkle, Sherry (2018), 在一起孤獨：為什麼我們對科技期望更高，而對彼此期望更低（**Alone Together**: Why We Expect More from Technology and Less from Each Other）, Basic Books

Twenge, Jean M (2018), 社群媒體世代新人類：為什麼今天超互聯的孩子長大後更少叛逆、更多寬容、更不快樂——而且完全沒有為成年做好準備——這對我們其他人意味了什麼（**iGen**: Why Today's Super-Connected Kids Are Growing Up Less Rebellious, More Tolerant, Less Happy - and Completely Unprepared for Adulthood - and What That Means for the Rest of Us）, Atria books

參考文獻

（在〔〕中的中文是英文的概要翻譯）

1. BLIKK-Medienstudie (2017). **Übermäßiger Medienkonsum gefährdet Gesundheit von Kindern und Jugendlichen**〔過度媒體使用危害兒童和青少年健康〕. Die Drogenbeauftragte der Bundesregierung. www.drogenbeauftragte.de unter www.t1p.de/81yt und: www.t-online.de unter www.t1p.de/aw80

2. Lembke, G, Leipner, I (2015). **Die Lüge der digitalen Bildung . Warum unsere Kinder das Lernen verlernen**〔數位教育的謊言。我們的孩子忘記學習的理由了〕. Redline-Verlag, MÜnchen

3. **DAK-Gesundheitsreport**〔達克（DAK）健康報告〕2007, 2013 u. a. www.dak. de unter www.t1p.de/b5q5

4. **Barmer GEK Arztreport**〔醫師的報告〕2012, 2013, 2016, 2017 u. a. www.barmer.de/presse/infothek/studien-und-reports/arztreporte, insb. www.barmer.de unter www.t1p.de/qy7m

5. www.bfs.de unter www.t1p.de/f3vt

6. Jing Wang, Hui Su, Wei Xie, ShengyuanYu (2017). **Mobile Phone Use and the Risk of Headache: A systematic Review and Meta-analysis of Cross-sectional Studies**. Scientific Report 2017, 10. www.doi.org/10.1038/s41598-017-12802-9

7. **Quelle und Genehmigung: Kinderbüro Steiermark**, www.kinderbuero.at

8. www.emfdata.org; insbesondere: divan HA, Kheifets L, Obel C, Olsen J. (2008). **Prenatail and Postnatal Exposure to Cell Phone Use and Behavioral problems in Children.** Epidemiology 2008 Jul; 19(4): 523 529; www.ncbi.nlm.nih.gov/pubmed/18467962

9. Bleckmann, P (2012). **Medienmündig - wie unsere Kinder selb-**

stbestimmt mit dem Bildschirm umgehen lernen〔數位公民身份——我們的孩子如何學會自信地處理銀幕〕. Stuttgart: Klett-Cotta. Siehe auch: www.echt-dabei.de

10. miniKIM (2014). Kleinkinder und Medien. **Basisuntersuchung zum Medienumgang 2- bis 5-Jähriger in Deutschland**〔幼兒及數位媒體。德國 2-5 歲幼兒操作媒體之研究〕. Medienpädagogischer Forschungsverbund Südwest (Hrsg.), Stuttgart. www.mpfs.de/studien/minikim-studie/2014

11. Projekt BLIKK-Medienstudie - Erste Ergebnisse (2015). **Kinder und Jugendliche in der digitalen Welt stärken**〔BLIKK 媒體專案首批成果。強化在數位世界中的兒童和年輕人〕. www.drogenbeauftragte.de unter www.t1p.de/nvy8

12. Medienpädagogischer Forschungsverbund Südwest (MPFS)〔西南協會傳媒教育研究〕. **Jim-Studie 2013, 2014 und 2017**. www.mpfs.de/studien/?tab=tab-18-1

13. Lembke, G (2016). **Digitales verdrängt Soziales - und schwächt Jugendliche**. Zur Veröffentlichung der JIM-Studie 2016〔數位取代了社群活動——也削弱了青少年。2016 年 JIM 研究發表之際〕. www.diagnose-funk.org/publikationen/artikel/detail?newsid=1146

14. Spitzer, M (2009). **Multitasking - Nein Danke!**〔多重任務並行——不要，謝謝！〕Nervenheilkunde 2009, Heft 12. www.medienverantwortung.de unter www.t1p.de/vlyw

15. Spitzer, M (2016). **Smart Sheriff gegen Smombies**〔聰明的警長與黑幫的應對〕. Nervenheilkunde 2016, Heft 3. www.vfa-ev.de unter www.t1p.de/7sa9

16. Korte, M (2014). **Synapsenstärkung im neuronalen Dschungel. Lernen und Hirnforschung**〔神經元叢林中的突觸強化。學習和大腦研究〕. Südwestrundfunk SWR2 Aula, 06.07.2014

17. www.bitkom.org unter www.t1p.de/tn4j

18. aus: www.abendblatt.de unter www.t1p.de/v1gz

19. Konrath, S.H. (2011). **Changes in Dispositional Empathy in American College Students Over Time: A Meta-Analysis**. Pers Soc Psychol Rev may 2011, 15: 180-198, first published on August 5, 2010.

20. Internetsucht im Kinderzimmer. DAK-Studie (2015). **Elternbefra- gung zur Computernutzung bei 12- bis 17-Jährigen**. Für einen gesunden Umgang mit dem Internet〔家長調查：有關 12-17 歲兒少的電腦使用。網際網路的健康使用〕. www.dak.de unter www.t1p.de/oet4

21. www.dak.de unter www.t1p.de/alcq

22. www.diagnose-funk.org unter www.t1p.de/btz7

23. Kunczik, M; Zipfel, A (2010). **Computerspielsucht . Befunde der Forschung. Bericht für das Bundesministerium für Familie, Senioren, Frauen und Jugend**〔電腦遊戲成癮。聯邦政府對家庭事務、老人、婦女和青年的研究報告結果〕

24. Spitzer, M (2016). **Smartphone-Sucht wird bagatellisiert**〔智慧型手機被小看了〕. www.swr.de unter www.t1p.de/6d93 und: Smart Sheriff gegen Smombies. Nervenheilkunde 2016, Heft 3 (vgl. 15)

25. Hensinger, P (2017). **Trojanisches Pferd »Digitale Bildung«** - Auf dem Weg zur Konditionierungsanstalt in einer Schule ohne Lehrer〔特洛伊木馬《數位教育》——通往學校沒有教師的協調式校園之路〕. pad-Verlag, Bergkamen. Zu beziehen bei: pad-Verlag, Am Schlehdorn 6, 59192 Bergkamen; pad-verlag@gmx.net.

26. Christl, W (2014). **Kommerzielle digitale Überwachung im Alltag**〔日常生活中的商業數位管制〕. Studie im Auftrag der österreichischen Bundesarbeitskammer, Wien.

27. Farke, G (Hrsg.) (2007). **Eltern-Ratgeber bei Onlinesucht .** Schluss mit den Diskussionen über endlose PC-Zeiten〔家長線上搜索指南。結束有關電腦使用時間無止境的討論〕. HSO e. V., www.onlinesucht.de

28. Alexander, A (2015). **Herausforderungen und Chancen der Daten-transparenz für Schülerinnen und Schüler der Sekundarstufe** I - eine Studie. Wissenschaftliche Hausarbeit im Rahmen der Ersten Staatsprüfung für das Lehramt an Realschulen〔中學生數位資料透明的挑戰與機遇研究。首度在中學教學國家考試脈絡中的科學論文〕. Eingereicht bei der Pädagogischen Hochschule Heidelberg.

29. Umfrage des Bundesverbandes Digitale Wirtschaft (BVDW) (2017). **Internet-Mobbing wird als Problem unterschätzt**〔網路霸凌是個被低估的問題〕. www.t1p.de/x3go

30. 媒體保護協會（**Media Protect** e. V.）www.medienratgeber-fuer-eltern.de

31. Brazelton, T B; Greenspan, S I (2002). **Die sieben Grundbedürfnisse von Kindern**〔兒童的七項基本需求〕. Beltz Verlag, Weinheim, Basel

32. Grimm, P; Rhein, S (2009). **Gewalt im Web 2.0**: Der Umgang Jugendlicher mit gewalthaltigen Inhalten und Cyber-Mobbing sowie die rechtliche Einordnung der Problematik〔網路 2.0 中的暴力：年輕人對暴力內容和網路霸凌的管理以及問題的法律分類〕, Institut für Medienwissenschaft und Content GmbH www.nlm.de/fileadmin/dateien/pdf/Grimm_Studie_Web_2.0.pdf

33. Saalfrank, Katharina (2006), **Die Super Nanny**. Glückliche Kinder brauchen starke Eltern〔超級保姆。快樂小孩需要堅強的家長〕. Goldmann Verlag, Munich

34. te Wildt, Bert (2015), **Digital Junkies**: Internetabhängigkeit und ihre folgen für uns und unsere Kinder. Droemer Knaur, Mü-nchen

35. Dr. Sommer Studie 2009 von BRAVO, 包爾傳媒集團（Bauer Media Group）可提供德文的 PDF 檔案（請搜索 "BRAVO Dr. Sommer Studie 2009"）

建議閱讀

第一章
第一節

Sue Palmer (2016).

Upstart: The case for raising the school starting age and providing what the under-sevens really need, Floris Books

Susan Greenfield (2014).

Mind Change - How digital technologies are leaving their mark on our brains, Random House

Interview with Gertraud Teuchert-Noodt (2017).

Digital media are a great danger for our brain, visionsblog.info/en/2017/05/20/digital-media-great-danger-brain (orig. German article, Umwelt, Medizin, Gesellschaft, pp28-32)

Save Childhood Movement

Manifesto for the Early Years: Putting Children First, available as PDF publication:

www.savechildhood.net/wp-content/uploads/2016/10/ PUTTING-CHIL- DREN-FIRST.pdf

Lou Harvey-Zahra (2016).

Happy Child, Happy Home: Conscious Parenting and Creative Discipline, Floris Books
(See Chapter 7, What's stopping play today? and other chapters for creative alternatives)

Aric Sigman (2019).

A Movement for Movement - Screen time, physical activity and sleep: a new integrated approach for children

Available as a PDF publication:

www.api-play.org/wp-content/uploads/sites/4/2019/01/ API-Report-A-Movement-for-Movement-A4FINAL- Web.pdf

Myla and Jon Kabat-Zinn (2014).

Everyday Blessings: Mindfulness for parents,

Piatkus (See Chapter 6 on Media Madness)

第三節

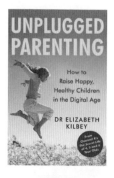

Dr. Elizabeth Kilbey (2017).
Unplugged Parenting: How to Raise Happy,
Healthy Children in the Digital Age, Headline Home

Edmond Schoorel (2016).
Managing Screen Time-Raising balanced children in
the digital age, Floris Books

Sue Palmer (2006).
Toxic Childhood - How the modern world is
damaging our children and what we can do about it,
Orion

Jesper Juul (2006).
No! The art of saying No! with a clear conscience,
AuthorHouse

第二章
第二節

Peter Hensinger, Isabel Wilke (2016).

Wireless communication technologies: New study findings confirm risks of nonionizing radiation, original German in magazine, Umwelt-medizin-gesellschaft 3/2016 (pictured left), available in English as PDF: https://ehtrust.org/wp-content/uploads/Hensinger-Wilke-2016.pdf

Nicolas Pineault (2017).

The Non-Tinfoil Guide to EMFs: How to Fix Our Stupid Use of Technology, CreateSpace Independent Publishing Platform

Internet:

EMF Academy (last update 7 February 2019)

9 Examples of EMF Radiation In Everyday Life (With Solutions)

emfacademy.com/emf-radiation-everyday-life/

Environmental Health Trust

10 Tips To Reduce Cell Phone Radiation

ehtrust.org/take-action/educate-yourself/10-things-you-can-do-to-reduce-the-cancer-risk-from-cell-phones/

第三章

第二節

Susan Greenfield (2014).

Mind Change - How digital technologies are leaving their mark on our brains, Random House

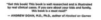

Richard Freed (2015).

Wired Child; Reclaiming Childhood in a digital Age, Create Space Independent Publishing Platform

Kutscher MD, Martin L (2016).

Digital Kids, Jessica Kingsley Publishers

Internet:

Delaney Ruston MD (2018).

Groundbreaking Study Discovers an Association between Screen Time and Actual Brain Changes, Tech-Talk-Tuesday blog on 'Screen- agers: Gro-

wing up in the Digital Age', www.screenagersmovie.com/tech-talk-tuesdays/
groundbreaking-study-discovers-an-association-between-screen-time-and-
actual-brain-changes

Experiences Build Brain Architecture, Harvard University Centre on the
Developing Child, YouTube video, youtu.be/VNNsN9IJkws

第四章

第一節

Richard House, editor (2011).

Too Much, Too Soon, Hawthorn Press

Wendy Ellyatt (2017).

Healthy and Happy - Children's Wellbeing in the 2020s (2017), Save Childhood Movement, available as PDF publication, www.savechildhood.net/wp-content/uploads/2017/11/Healthy-and-Happy-W-Ellyatt-Full-paper-2017-v2.pdf

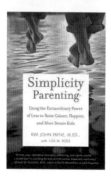

Kim John Payne (2010)

Simplicity Parenting: Using the Extraordinary Power of Less to Raise Calmer, Happier and More Secure Kids, Ballantine Books

第六章
第二節

Sherry Turkle (2016).

Reclaiming Conversation: The Power of Talk in a Digital Age, Penguin Press

Janell Burley Hofmann (2014).

iRules: What every tech-healthy family needs to know about selfies, sexting, gaming and growing up, Rodale Books

Children's Well-being in UK, Sweden and Spain: The Role of Inequality and Materialism, Ipsos MORI Social Research Institute in Partnership with Dr. Agnes Nairn (2011), available as a PDF document, agnesnairn.co.uk/ policy_reports/child-well-being-report.pdf

第三節

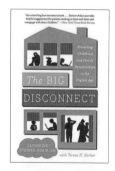 Catherine Steiner-Adair (2014).

The Big Disconnect: Protecting Childhood and Family Relationships in the Digital Age, Harper

Paperbacks

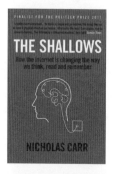 Nicholas Carr (2010).

The Shallows - how the internet is changing the way we think, read and remember, Atlantic books

 Wendy Ellyatt (2018).

Technology and the Future of Childhood, Save Childhood Movement, available as PDF document: www.savechildhood.net/wp-content/uploads/2017/11/DIG-ITAL-CHILDHOOD-Save-Childhood-Movement-1.pdf

Internet:

Delaney Ruston MD (2019).

Screen-Free Zones - How to Encourage More Face to Face Time, Tech-Talk-Tuesday blog on 'Screenagers: Growing up in the Digital Age', www.screenagersmovie.com/tech-talk-tuesdays/screen-free-zones-how-to-encourage-more-face-to-face-time

第四節

Joe Clement, and Matt Miles (2018).

Screen Schooled - two veteran teachers expose how technology overuse is making our kids dumber, Black Inc.

Aric Sigman (2015).

Practically minded: The benefits and mechanisms associated with a practical skills-based curriculum, available as a PDF document, www.rmt.org/wp-content/uploads/2018/09/Practically-Minded-2015.pdf

Gerald Lembke, Ingo Leipner (2015).

Die Lüge der digitalen Bildung. Warum unsere Kinder das Lernen verlernen [The lie of digital education: why our children unlearn how to learn].

Redline Verlag, München

第七章

第一節

Jean M. Twenge (2018).

iGen: Why Today's Super-Connected Kids Are Growing Up Less Rebellious, More Tolerant, Less Happy - and Completely Unprepared for Adulthood - and What That Means for the Rest of Us, Atria Books

Manfred Spitzer (2015).

Cyberkrank! Wie das digitalisierte Leben unsere Gesundheit ruiniert [Cyber ill: how digital life is ruining our health], Droemer Knaur, München

Catherine Price (2018).

How to break up with your phone: The 30-Day Plan to Take Back Your Life, Trapeze

Tanya Goodin (2017).

OFF. Your Digital Detox for a Better Life, Ilex Press

Sherry Turkle (2018).

Alone Together: Why We Expect More from Technology and Less from Each Other, Basic Books

Kevin Roberts (2011)

Cyber Junkie: Escape the Gaming and Internet Trap, Hazelden Trade

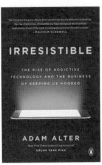

Adam Alter (2018).

Irresistible: The Rise of Addictive Technology and the Business of Keeping Us Hooked, Penguin

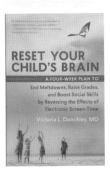

Victoria L Dunckley (2015).

Reset Your Child's Brain - A four-week plan to end meltdowns, raise grades, and boost social skills by reversing the effects of electronic Screen-time, New World Library

第三節

Agnes Nairn (2015).

When Free Isn't - Business, Children and the Internet, European NGO Alliance for Child Safety Online (eNACSO), available as a PDF document, agnesnairn. co.uk/policy_reports/free-isnt % 20_040416Sm % 20. pdf

Dr. Elizabeth Kilbey (2017).

Unplugged Parenting: How to Raise Happy, Healthy Children in the Digital Age, Headline Home

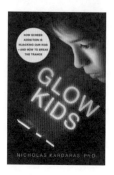

Nicholas Kardaras (2017).

Glow Kids: How screen addiction is hijacking our kids, and how to break the trance, St. martin's Griffin

Internet:

Delaney Ruston MD (2019).

Teen Sexting - What are the Laws? Tech-Talk-Tuesday blog on 'Screen- agers: Growing up in the Digital Age', www.screenagersmovie.com/tech-talk-tuesdays/teen-sexting-what-are-the-laws

第五節

Ed Mayo and Agnes Nairn (2009).

Consumer Kids - How big business is grooming our children for profit, Constable

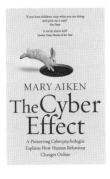

Mary Aiken (2016).

The Cyber Effect - A pioneering Cyberpsychologist explains how human behaviour changes online, John Murray

Internet:

Child Safety Online - A practical guide for parents and carers whose children are using social media. A guidance leaflet produced by the UK Council for Child Internet Safety, assets.publishing.service.gov.uk/government/uploads/system/uploads/attachment_data/file/490001/Social_Media_Guidance_UKCCIS_Final_18122015.pdf

Screenagers movie. The official trailer for the powerful and informative film on digital device usage: www.youtube.com/watch?v=kJPdQaOQZho

The Impacts of Banning Advertising Directed at Children in Brazil (2017). The Economist Intelligence Unit, available as a PDF document: agnesnairn.co.uk/policy_reports/eiu-alana-report-web-final.pdf

第八章

第五節

Save Childhood Movement (2016).

Seven Priorities for Early Years Policymaking, available as a PDF document: www.savechildhood. net/wp-content/uploads/2016/10/Seven-Priorities-for-Early-Years-Policymaking.pdf

All-Party Parliamentary Group (2019).

Social Media and Young People's Mental Health and Wellbeing, available as a PDF document: www. rsph.org.uk/uploads/assets/upload-ed/8c1612c4-54aa-4b8d-8b61281f19fb6d86.pdf

A REPORT BY THE ALL-PARTY PARLIAMENTARY GROUP
ON A FIT AND HEALTHY CHILDHOOD

MENTAL HEALTH
IN CHILDHOOD

All-Party Parliamentary Group (2018).

Mental Health in England, All-party Parliamentary Group on a Fit and Healthy Childhood, available as a PDF document: royalpa.files.wordpress.com/2018/06/mh_report_june2018.pdf

合作夥伴／贊助者

- AG EMF im BUND-Arbeitskreis Immissionsschutz des BUND e. V.

  www.bund.net/ueber-uns/organisation/arbeitskreise/immission-sschutz

- BUND-Arbeitskreis Gesundheit des BUND e. V.

  www.bund.net/ueber-uns/organisation/arbeitskreise/gesundheit

- Bund der Freien Waldorfschulen e. V.

  www.waldorfschule.de

- Bündnis für Humane Bildung

  www.aufwach-s-en.de

- Diagnose-Funk-Umwelt-und Verbraucherorganisation zum Schutz vor elektromagnetischer Strahlung e. V. (Deutschland)

  www.diagnose-funk.de

- Allianz ELIANT - Europäische Allianz von Initiativen angewandter An-thro-posophie

  www.eliant.eu

- EUROPAEM-Europäische Akademie für umweltmedizin e. V.

  www.europaem.eu

- Kompetenzinitiative zum Schutz von Mensch, Umwelt und Demokratie e. V.

  www.kompetenzinitiative.net

- Media Protect e. V.

  www.medienratgeber-fuer-eltern.de

- neon - Prävention und Suchthilfe Rosenheim gemeinnützige Stiftungs-gesellschaft mbH

  www.neon-rosenheim.de

- return - Fachstelle Mediensucht

  www.return-mediensucht.de

- Stiftung für Kinder

  www.stiftung-fuer-kinder.de

- Verbraucherzentrale Südtirol

  www.consumer.bz.it/de

- Zeit ohne Netz: Eine Initiative der Handballakademie Bayern e. V.

  www.zeit-ohne-netz.de

重要提示

　　本書包含了我們無法掌控的第三方外部網站連結。因此 InterActions（英文出版商）和 diagnose:media（原德國出版商）都不應對此內容負責任。對於連結頁面的內容向來都是由網頁提供者或經營者負責。提供網路連結和推薦文獻，純粹是用來作為特定支持的物資或與本書主題素材相關、可資利用的進一步閱讀標示，並非旨在作為本書或網站所有內容和網頁的背書保證。

　　本指南中的資訊和建議經過了作者和編者非常認真的處理，且也得到媒體專家和教育工作者的證實。然而，所有讀者想在多大程度上應用本書中的建議必須自己為自己做決定。在需要醫療護理的健康情事狀況下，讀者不應將這些建議視為尋求專業幫助的替代品。在此脈絡中，作者或出版商對於本指南的內容不承擔保證、義務或其他法律責任。

英文翻譯和參考資料提示

　　貫穿全文的編號及在本書後面表列的參考書目與參考文獻，除了少數例外，大都是參考德國的文獻和研究。因為這些都是在著述中提到的各種研究結果的基礎，所以我們將其原始形式保留，並將標題譯成英文放進括弧裡。另一方面，對於建議閱讀的頁面，似乎找到合適的英文標題類似主題以替代原版中提供的德文書籍。這也適用於各章節文本中提及的作為建議和進一步資訊連結的網路網站。讀物和連結可能並不完全相稱，任何希望看見原版的讀者，請至德國出版商網站 www.dignose-media.org，你可以在那裡訂購德文版本，也可以在那裡找到逐章的網路版本。

中文翻譯和參考資料提示

　　貫穿本書的文本、章節等，大都是按照英文版本行進。書末表列的參考書目與參考文獻，為饗讀者一瞥本書的基本精神，均將標題譯成中

文放進括弧裡。對於建議閱讀的書目，因多與參考書目及參考文獻重疊，為簡約版面，特別做了整合，放在參考文獻之後，對於有興趣進一步鑽研的讀者，期望可以因此免除遺珠之憾。此外，本書雖均以國外資料為參考，處於當今的資訊時代，讀者可以直接按照指引上網瀏覽，若必要，亦可點擊電腦上翻譯鍵以利閱讀、見聞與理解。

致謝

　　本書的德文原版，是 15 個組織跨越 5 年時間的合作努力才將這本書編在一起的。要列出所有參與者，包括那些為最終出版而將所有研究彙編在一起的個人清單，是不可能的。我們只能感謝所有為這一歷程作出貢獻的人。本書末列出了 14 個合作組織的名單。對於英文版，我很感謝原版撰稿人和主編Michaela Glöckler醫師，感謝她為本書的出版無休止的熱情和支持，儘管時間非常緊迫。此外，對於這個版本，我們感謝「Ruskin Mill 教育信託」為翻譯提供財務支持；感謝 Astrid Schmitt-Stegmann 的翻譯；感謝 Gabriel Millar 的校對；感謝 StroudPrint 印刷廠 Chris Griffiths 的版面編排；以及 Wynstones 出版社 Steve Goodall 在銷售上的合作。最後但絕非最不重要的，我很感謝我家人的耐心，在我為趕上最後期限而持續埋頭苦幹的同時，常常必須暫時忽略家務職責。而在這過程中，主要的靈感一直都是這本書：在兒童和青少年時期，這本書對尋找使用數位媒體的健康方法做出了寶貴貢獻。

Richard Brinton

InterActions

國家圖書館出版品預行編目（CIP）資料

在數位媒體世界中健康成長：兒少家長及照顧者指南 /
diagnose:media 作；林玉珠中譯. -- 初版. -- 新北市：心理
出版社股份有限公司, 2024.06
　　面；　公分
譯自：Growing up healthy in a world of digital media : a guide
　　　 for parents and caregivers of children and adolescents.
ISBN 978-626-7447-10-9(平裝)

1.CST: 媒體素養　　2.CST: 媒體教育
3.CST: 子女教育　　4.CST: 親職教育

528.2　　　　　　　　　　　　　　　113004545

教育現場系列 41155

在數位媒體世界中健康成長：兒少家長及照顧者指南

德文版作者：diagnose:media
英文版主編：Richard Brinton & Michaela Glöckler
英文版譯者：Astrid Schmitt-Stegmann
中文版譯者：林玉珠
策　　　劃：社團法人臺中市人智哲學發展學會
執行編輯：高碧嶸
總 編 輯：林敬堯
發 行 人：洪有義
出 版 者：心理出版社股份有限公司
地　　址：231026 新北市新店區光明街 288 號 7 樓
電　　話：(02) 29150566
傳　　真：(02) 29152928
郵撥帳號：19293172　心理出版社股份有限公司
網　　址：https://www.psy.com.tw
電子信箱：psychoco@ms15.hinet.net
排 版 者：辰皓國際出版製作有限公司
印 刷 者：辰皓國際出版製作有限公司
初版一刷：2024 年 6 月
Ｉ Ｓ Ｂ Ｎ：978-626-7447-10-9
定　　價：新台幣 260 元